CANDÉ

ANCIEN ET MODERNE

PAR

PERRON-GELINEAU

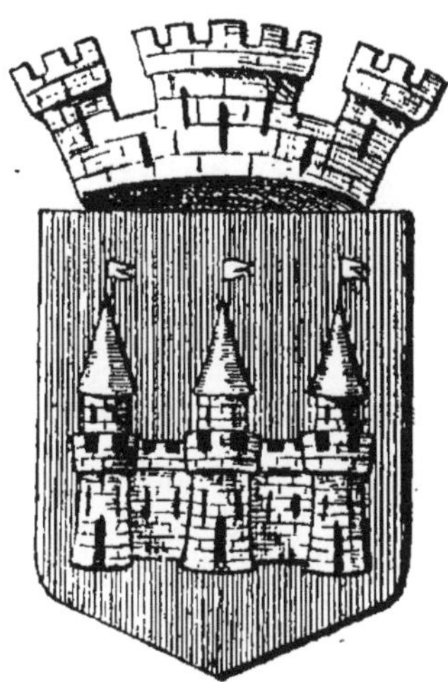

NANTES
VINCENT FOREST ET EMILE GRIMAUD
IMPRIMEURS, PLACE DU COMMERCE, 4

1886

CANDÉ ANCIEN ET MODERNE

CANDÉ

ANCIEN ET MODERNE

PAR

PERRON-GELINEAU

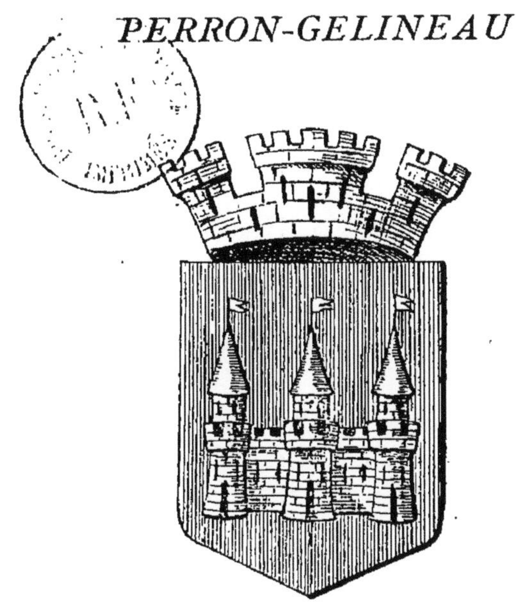

NANTES
VINCENT FOREST ET EMILE GRIMAUD
IMPRIMEURS, PLACE DU COMMERCE, 4

1886

AVANT-PROPOS

Arrivé à l'âge du repos, et Dieu ayant daigné nous conserver la santé du corps et de l'âme, nous avons cru devoir consacrer les loisirs de nos dernières années à former une gerbe de faits pouvant aider à l'histoire de notre pays natal; nous n'avons pas d'autres prétentions que celle d'apporter des épis glanés çà et là, soit dans les vieux historiens et les anciens chartriers de documents privés, mis gracieusement à notre disposition, soit dans la mémoire de vieillards épris comme nous de l'amour du sol paternel et de sa glèbe.

C'est donc à toi, chère petite ville de Candé, au bourg de ton ancienne baronnie et à tes habitants, nos amis, nos parents pour la plupart, que nous dédions ces lignes.

Puissent-elles être, dans leur simplicité, le commencement d'un écheveau qui engendrera plus tard un historien plus ydoine, *comme on disait au vieux temps, à faire un livre complet, qui sera le vrai monument que nous avons désiré voir réjouir notre cœur et nos yeux.*

En attendant, pour servir d'avant-garde, nous creusons les premières fondations et apportons quelques preuves pour l'œuvre qu'un architecte plus habile achèvera, sans doute; mais nous sommes persuadé qu'il n'aura pas plus que nous, simple ouvrier, aimé ce coin de terre caché (conditum) *dans les verdoyants vallons de notre rivière de l'Erdre et de ses affluents. Rien ne vaut les histoires locales pour déduire les faits généraux de l'histoire.*

Nous ne pouvons pas nous flatter de l'espoir de n'avoir commis aucune omission dans un travail qui embrasse une si vaste étendue de temps et qui traite d'époques si confuses; mais nous espérons que le public candéen nous tiendra compte de nos efforts et nous saura gré d'avoir ajouté quelques nouveaux chapitres au grand livre de notre histoire locale.

BIOGRAPHIE DE L'AUTEUR

Je suis né à Candé le 15 février 1808. Mon instruction est très bornée ; il n'y avait pas à cette époque, comme aujourd'hui, des instituteurs dans toutes les communes. Mon oncle, Jean Perron, me donna les premières notions de l'art de la menuiserie à l'âge de 17 ans ; je partis en 1831 pour Sion, à douze kilomètres au delà de Châteaubriant, où j'ai fait construire une maison pour M. Pichot, maire et notaire de l'endroit. De là, je partis pour faire mon tour de France et rentrai à Candé en 1835, au mois d'août. Je me suis marié avec Mlle Gélineau Apolline, le 17 octobre 1837. J'ai élevé six enfants, j'ai travaillé pendant soixante ans. Je ne suis pas riche ; mais, par mon travail, j'ai pu gagner ce qu'on nomme une modeste aisance : j'ai toujours recommandé à mes enfants de faire comme moi.

Qu'ils travaillent. C'est à ma sobriété que je dois ma verte vieillesse.

Aujourd'hui, pour occuper mes vieux loisirs, je m'amuse à écrire des notes sur Candé et les environs.

Je termine en recommandant à mes enfants et petits-enfants la lecture de la fable de La Fontaine, qui a pour titre : *le Laboureur et ses enfants* :

Travaillez, prenez de la peine :
C'est le fonds qui manque le moins...

D'argent, point de caché. Mais le père fut sage
De leur montrer, avant sa mort,
Que le travail est un trésor.

PIERRE-LOUIS PERRON.

Candé, le 15 février 1885.

PREMIÈRE PARTIE

CHAPITRE PREMIER

Candé ancien et moderne. Situation géographique et topographique du pays. Description des apanages de la baronnie de Candé. Plan de Candé.

BARONNIE DE CANDÉ

Candé, ancien chef-lieu de la baronnie de ce nom, est une petite ville de l'Anjou, située à l'ouest; son territoire forme la limite de cette partie de la province d'avec la Bretagne.

Suivant quelques étymologistes, le mot Candé vient du latin *condere*. Hippolyte de Cocheris dit que le mot celtique *condat* avait la même signification que notre mot confluent. Candé aurait donc la même étymologie que (Lot), (Corrèze) ; Condé (Cher, Oise) ; Condetté (Pas-de-Calais) ; Candes, ville située au point où la Vienne se réunit à la Loire.

Le mot *condat* serait donc celtique, et c'est sur ce nom que, portant mon attention, je dis que notre ville a été fondée et nommée par les Celtes, ancêtres par conséquent des Candéens.

Nous verrons plus loin quelles sont les familles dont les noms peuvent faire supposer l'origine celtique et appuyer mon dire.

D'ailleurs il est encore à remarquer que Candé est placé sur la limite extrême et de la Bretagne et de l'Anjou et qu'il a dû évidemment être nommé par les Celtes, ses premiers habitants, et non par les Bretons, qui auraient choisi un terme de leur vocabulaire ; or chez eux confluent s'exprimait par kem-ber, et non par condat.

Candé vient de (condere), c'est-à-dire se cacher. Cette ville a été ainsi nommée parce qu'elle est établie sur le bord d'une rivière qui se cache dans une autre ; en effet, les ruisseaux de Mandie et de Moiron viennent se réunir à Candé, après avoir reçu différents petits cours d'eau, et se jeter dans la rivière d'Erdre ou ruisseau de Bresfeu, comme il est appelé dans un aveu de 1689. Candé est entouré par ces ruisseaux, qui autrefois formaient des étangs.

Le gui de l'an neuf

Une chose très certaine, c'est que notre pays a été occupé de temps immémorial par les Celtes gaulois : le druidisme était tellement enraciné dans notre pays de Candé et surtout du côté de la Bretagne que, pour ne pas froisser les timides et engager le peuple, le clergé catholique toléra plusieurs de leurs usages, comme de conserver un chêne dans chaque cimetière, près l'église. Dans presque toutes les communes, il y avait une ferme qui prenait le nom du chêne séculaire qui s'y trouvait; on en voyait encore il y a soixante-dix ans. Le chêne était l'arbre sacré des druides et du peuple, ainsi que le gui, plante parasite qui croît sur des branches et se nourrit de leur substance et que les druides allaient processionnellement cueillir au premier de l'an. C'est bien de cet usage antique que nous vient le cri de joie : Au gui de l'an neuf, et qui s'est perpétué par une quête jusqu'à nos jours.

HACHES CELTIQUES

Aux environs de Candé et même à Candé, on trouve des pierres taillées, qu'on nomme haches celtiques. De Candé à Freigné, au nord du vallon de l'Erdre, il existe sur les hauteurs des blocs de quartz fichés verticalement et par trois, distancés de l'est à l'ouest, qui sont regardés comme peulvens celtiques. Les Gaulois cherchaient toujours pour leurs habitations le voisinage des rivières et des forêts, comme propre à les défendre de la chaleur du jour.

INVASION DES NORMANDS

L'antiquité de Candé n'est pas douteuse. Candé fut ravagé et incendié par les Normands et les Anglais à différentes reprises, lors de leur invasion en France. Là, comme partout où ils passèrent, ils mirent tout à feu et à sang, ne respectant aucune chose ; « de quoi il ne faut nullement s'étonner, dit l'historien de l'abbaye de Saint-Ouen, parce qu'ils étaient pour lors païens : le doux joug du Christ n'avait point encore tempéré leur férocité naturelle. » On a même retrouvé dans de vieux titres deux requêtes présentées par les Candéens, en 853 et 859, au seigneur de Candé, pour obtenir la permission de couper du bois dans sa forêt pour reconstruire leurs maisons incendiées par les Normands.

En creusant des fondations de maisons, on trouve souvent des morceaux de bois brûlés ; on a même trouvé, en creusant un puits, près la rivière de l'Erdre, à une profondeur d'environ trois mètres, un vieux fond de rivière, clairement indiqué par une couche d'au moins trente centimètres de sable roulé « ou rublé » par les eaux, dans laquelle il y avait des débris de branches et même des noisettes tombant en poussière.

PONT DE BEAULIEU

Au pont de Beaulieu, en y faisant des réparations, on a trouvé dans l'eau un éperon formant avant-bec, en grandes pierres, sur lequel on a établi un nouvel éperon pour consolider les murs de la chaussée.

Un peu plus avant dans le gué, lors du passage de la nouvelle route, en construisant le pont sur la rivière de l'Erdre, il n'y a pas eu besoin de faire pilotis pour consolider les maçonneries, on a trouvé au fond de la rivière un lit de poutres prêt à recevoir les fondations.

Les ponts de Beaulieu formaient autrefois la chaussée d'un étang avec moulin à l'eau.

CANDÉ EN LAMÉE

Candé se nommait autrefois Candé-en-Lamée, mot qui semble aussi d'origine celtique et qui signifiait *(media terra)*. Candé est, en effet, compris entre la mer, la Vilaine et la Loire. Lamée était une partie du territoire qui avait pour bornes les rivières dénommées ci-dessus. Candé se trouvait au point extrême et au levant de ce territoire ; c'est pour cela que Jean de Laval, dans son aveu ou présentation de son comté d'Anjou, adressé à Louise de Savoie, mère de François Ier, le 20 octobre 1517, dit: Candé-en-Lamée, en parlant de son fief de Candé.

ÉGLISE DE CANDÉ, 1100

Gosfridus Rorgon, seigneur de Candé, donna à Lambertus, abbé de Saint-Nicolas (*voir Hiret, page 222*), et à ses moines une place à Candé, et pouvoir d'y bâtir une église : ils y bâtirent l'église de Saint-Denis. Peu après, il leur donna aussi terre et pouvoir de bâtir un prieuré auprès de son château de Candé.

Avant d'avoir lu Hiret, je m'étais fait cette question : la petite ville de Candé a-t-elle pour origine le prieuré de Saint-Nicolas ? Ce prieuré, bâti dans des temps éloignés, aurait-il, comme tant d'autres, réuni autour de lui un certain nombre d'habitants, pour former plus tard notre petit Candé ? Mais, d'après ce que dit Hiret, il y avait un château dès ce temps, château de peu d'importance, il est vrai, à en juger par le silence de l'histoire ; mais toutefois, comme dans ce temps où les seigneurs féodaux se faisaient continuellement la guerre les pauvres gens cherchaient une protection, il est donc à supposer que le château n'était pas seul et qu'autour de lui se trouvaient groupées les habitations de plusieurs de ces malheureux.

Quant à l'église, que les moines de Saint-Nicolas bâtirent vers l'an 1100, il est probable que l'édification n'en eut lieu qu'après le siège du château de Candé et que l'on choisit l'emplacement de l'ancienne chapelle du château, ruinée par le siège : il n'est resté aucune trace de cette église. Cependant, en faisant les fondations de celle qui existe aujourd'hui, on a trouvé un chapiteau qui semblait dater de cette époque.

Candetum castrum : en 1106, le château existait entouré de fossés, et la ville était close.

CHATEAU DE CANDÉ, DESCRIPTION

L'ancien château de Candé était placé où est actuellement la cure. Il était fortifié et entouré de larges douves, borné au nord par la rue dite Sourde-Épée, au bout de laquelle se trouvait la porte Chalainaise, entrée du château ; ensuite, au levant, la rue Saint-Nicolas; au midi, la rue du presbytère qui, traversant les jardins de la cure et de l'ancien hôpital, aboutissait, à l'ouest, à l'étang des Mandies ; l'église et la motte étaient renfermées dans l'enceinte. L'église de Saint-Denis a toujours été réédifiée sur l'emplacement de l'ancienne chapelle du château.

On peut supposer que la disposition pour la défense ne devait pas différer de celle que l'on trouve encore à Bourmont, c'est-à-dire qu'il y avait deux rangs de douves du côté de l'entrée.

SIÈGE DU CHATEAU DE CANDÉ, DÉCÈS DE GEOFFROY MARTEL

En 1106, le château, occupé par un vassal rebelle, fut assiégé par Geoffroy Martel, fils aîné de Foulques-Rechin, comte d'Anjou, et d'Ermangarde de Bourbon, lequel, sur le point de se rendre maître de cette place, fut tué par trahison, et personne ne douta que ce crime n'eût été commandé par Bertrade de Montfort, sa belle-mère : il reçut de dessus les remparts de la ville une flèche empoisonnée, qui lui perça un bras. Cette affaire se passa en mai 1106. Le jeune prince fut enseveli dans l'abbaye de Saint-Nicolas, à Angers, à côté de Geoffroy Martel, son grand-oncle.

BIOGRAPHIE DE GEOFFROY MARTEL

Foulques, père de Geoffroy, cultivait lui-même les lettres. Vers l'an 1096, le jeune Geoffroy fit des progrès considérables dans les sciences. Il fit, de son temps, les délices de la province d'Anjou. Tous les historiens qui ont parlé de lui se sont accordés à le dépeindre comme l'homme le plus accompli de son siècle : il joignait à la science et à l'éloquence un jugement solide, une bravoure digne de son sang et une piété exemplaire.

Il délivra l'Anjou de la tyrannie de quantité de petits seigneurs qui, abusant de la facilité de son père, vexaient impunément le peuple. Un d'entre eux s'étant fortifié dans le château de Candé, en Anjou, Geoffroy vint l'y assiéger l'an 1106 et y reçut, durant le siège, une blessure dont il mourut dans un âge peu avancé, après s'être confessé et avoir communié en viatique et adoré la croix du Sauveur. *(Revue d'Anjou, folio 58.)*

SIÈGE DU CHATEAU DE CANDÉ, 1106

*Extrait de l'*Histoire d'Anjou, *par Barthélemy Roger.*

Cet auteur dit, dans la Chronique de Vendôme, que Geoffroy Martel II, accompagné de trois comtes, savoir : Alain de Bretagne, Hélie du Mans et Robert de Bellême, alla mettre le siège devant le château de Candé; que ceux du château, sans spécifier pour qui ils tenaient, se défendirent bravement; mais que, se voyant réduits à l'extrémité, ils firent semblant de vouloir se rendre et demandèrent à parler et traiter avec Martel en un lieu proche du château, où Martel ne fut pas plus tôt arrivé qu'il fut blessé d'un coup de flèche tiré de la part d'un groupe d'archers cachés. Cette chronique ajoute que ce brave prince, se voyant blessé à mort, se confessa et communia, et qu'après avoir adoré la croix, il trépassa la nuit de ce même jour, le 14 des calendes de juin. Cette chronique conclut qu'il souffrit cette mort pour la paix et la justice, qu'il voulait maintenir, et qu'il tint le comté durant trois ans. Son corps fut apporté à l'église de Monseigneur Saint-Nicolas-lès-Angers, où il fut inhumé proche le tombeau de Geoffroy Martel, son grand-oncle.

Les chroniques de Saint-Aubin ajoutent encore qu'après la blessure du jeune Martel, toute son armée fut défaite et dissipée par les embûches et la trahison de ses ennemis, au grand regret de tous ses peuples. Une de ces chroniques (Saint-Aubin et Vendôme) semble nous insinuer le sujet de cette guerre en disant que ceux du château refusaient de reconnaître Martel et de lui prêter serment de fidélité, ce qùi me donne sujet, ajoute le même Roger, que Martel, nonobstant l'accord fait avec Réchin, son père, essayait toujours de se faire reconnaître comte d'Anjou, fondé sur la donation que lui avait faite son oncle Geoffroy le Barbu, et pour prévenir les mauvaises intentions de son père et de sa marâtre, Bertrade de Montfort.

Le Comte Foulques, son frère, y revint en force en 1134 et rasa la place. Ici je ferai observer que tous les fossés du château n'ont été comblés que longtemps après ; car, il y a une trentaine d'années, en creusant une cave, on a trouvé dans les fondations, rue du

Presbytère, un sceau en plomb représentant d'un côté : Saint-Pierre, Saint-Paul, et de l'autre côté ces mots (Lucius III pape) ; or Lucius III gouvernait l'Église de 1180 à 1185. Les fossés n'ont donc été définitivement comblés que plus tard ; vers cette époque, il en existe encore en cet endroit.

Foulques le Bon, comte d'Anjou, lequel, ayant appris que le Roi se moquait de ce qu'il allait souvent chanter au chœur, lui écrivit seulement ces mots : Sachez, Sire, qu'un prince non lettré est un âne payé.

La ville de Candé portait le titre de baronnie. Six châtellenies et environ quarante fiefs, tenus à haute et basse justice, en dépendaient.

CLOTURES DE LA VILLE DE CANDÉ

Hiret, curé de Challain, dans ses remarques sur l'Anjou, nous parle de Candé comme d'une ville non close ; mais il était mal informé, car il est certain qu'outre le château, il y avait des murailles de ville, dont on retrouve encore les traces. La ville et le château étaient fermés, partant de l'arche Saint-Denis en suivant tous les jardins des Guiboulerais, traversant le haut de la rue du Cantillier, et suivant la rue des Tanneries au nord de la maison de M. Leroux, et allant former angle dans le jardin de M. Letort, où l'on voit encore un reste d'arcade en maçonnerie :

c'est là, je crois, que devait être la porte Raitière; car, en ce temps-là, le chemin qui venait d'Angers et d'Ingrandes était une voie romaine arrivant par Saint-Gilles. Partant de là, on voit, à l'ouest de la rue de la Croix-Blanche, un contre-bas d'environ trois mètres se dirigeant vers la rue Bourgeoise, et ensuite, descendant la ruelle du Four et tournant vers l'ouest par la rue de la Saulnerie, rue du Puits-Pionnier. Là, on a trouvé, en creusant des fondations pour la maison qu'a fait bâtir Mlle Trouvé, un contre-mur se dirigeant du côté de la rue Sourde-Épée, où se trouvait la porte Chalainaise: c'est là que se trouvait l'entrée du château et où a été tué le prince Geoffroy Martel.

D'après l'aveu rendu par le prince de Condé en 1681, sur la désignation des lieux, toutes les maisons, cours et jardins au nord de la rue aux Moines touchaient les douves du château de Candé, et, au midi de cette même rue, toutes les maisons, cours et jardins joignaient les murailles de la ville; il est à remarquer que cette enceinte, telle qu'elle est indiquée, ne renfermait pas la moitié de la superficie actuelle.

Extrait du chartrier de la Baronnie de Candé du 26 mai 1684.

De vous Louis quatorzième, roi très chrétien, mon souverain seigneur.

Nous Louis, duc de Bourbon, prince de Condé, premier prince de votre sang, premier pair et grand maître de France, duc d'Anguin, Châteauroux, Montmorency et Fronsac, seigneur baron de Candé et Chanveau, gouverneur pour Votre Majesté en ses provinces de Bourgongne et de Bresse.

Tenons et avoüons tenir nüement et sans moyen, à cause de votre duché d'Anjou, notre baronnie, terre et seigneurie de Candé et Chanveau, ses appartenances et dépendances.

ART. Ier : En domaine, notre ville de Candé avec motte et marque ancienne de vieil château où il y a encore plusieurs mazures joignant : vers orient le jardin d'Abraham Doüart, vers occident l'apenti et maison d'Antoine Thomassin, aboutant vers midi la cour et maison dudit Doüart, d'autre bout vers nord le grand chemin qui est au-devant de l'église de Saint-Denis, contenant un journal de terre ou environ.

Item le droit que j'ai de faire tenir marché tous les lundi et vendredi de chaque semaine.

Les Mandies joignant vers occident les arches et chaussée du moulin à drap à présent ruiné.

Item la maison à Philippe Besnard joint midi la rue aux Moines, septentrion la rue qui conduit de l'arche du moulin à tan à Saint-Denis.

Item un logis appartenant à Jean Cathelinais aboute vers midi la rue aux Moines, orient et occident les héritiers Prouts, vers septentrion les masures et jardin du vieil château.

LIMITES DU CANTON DE CANDÉ

Le canton de Candé est entouré en grande partie par la Loire-Inférieure, et des autres côtés par les cantons de Pouancé, de Segré, du Lion-d'Angers et du Louroux-Béconnais. Il comprend six communes : Angrie, Candé, Chazé-sur-Argos, Freigné, Loiré et Challain-la-Potherie.

La ville de Candé est bornée à l'ouest par les Mandies, au sud par la rivière d'Erdre, à l'est et au nord par la commune d'Angrie ; depuis soixante ans, il s'y est fait une progression constante et un développement nulle part plus actif de la culture et de l'industrie agricole ; presque toutes les maisons ont été reconstruites à neuf ou grandement réparées ; les anciennes maisons sont faciles à reconnaître, elles ont toutes pignons sur rues. Les rues sont tortueuses et n'arrivent pas en ligne les unes avec les autres ; on croit que, dans le principe, cela a été fait pour se garantir des flèches et n'être pas vu de trop loin.

ROUTE TRAVERSANT CANDÉ

La route nationale n° 163 de Candé à Rennes, avant la confection du chemin de fer, était de première importance. Aujourd'hui elle traverse Candé et a ouvert une nouvelle rue qui débouche un nouveau passage entre l'Anjou et la Bretagne. Ensuite, sur la route de Candé à Nantes, on a traversé Candé en partie depuis Beaulieu à la place du Marché ; ce travail n'a pas peu servi à l'enjolivement de notre petite ville.

On trouve dans les Archives départementales de Maine-et-Loire, série C, de 1783 à 1789, le projet pour la construction des routes d'Angers à Rennes par Bécon et Candé, et d'Ingrandes à Candé par la Cornuaille : lettres de MM. d'Armaillé, Boisrobert et Turpin de Crissé ; une demande de M. de Bourmont, pour le tracé d'un chemin de Freigné à la Cornuaille, lequel a été ouvert mais non terminé.

CIROGRAPHIE, TRANSACTION ANCIENNE

Le mot de cirographie était destiné aux transactions. On écrivait en grosses lettres, au milieu d'une feuille de vélin, et l'on faisait de part et d'autre de ce mot une copie de la transaction, ensuite de quoi l'on coupait le cirographum par le milieu, et chacune des parties gardait par devers soi une moitié de cette feuille ainsi coupée, afin de vérifier la transaction quand il en serait besoin, en représentant et rejoignant le cirographe coupé en deux. Au lieu de ce mot, on en mettait quelquefois un autre ou même une phrase tout entière, et nous en avons des exemples à Marmoutier.

Les Anglais coupaient ordinairement leurs cirographes en scie, au lieu qu'en France et en Bretagne, on les coupait en ligne droite. (*Voir Lobineau, t. II, p. 237*). L'auteur possède un cirographe de Foulques, seigneur de Candé vers 1155.

Les Anglais ayant dévasté et brûlé Candé, il fut donné permission par le seigneur de Candé à l'abbaye de la Roë de faire des défrichements dans la forêt de Chanveau, en 1155.

PHILIPPE-AUGUSTE A CANDÉ

En l'année 1206, Philippe II, surnommé Auguste, roi de France, s'arrêta à Candé.

Les premiers seigneurs connus qui prennent le titre de seigneur et, plus tard, de baron de Candé, appartenaient à la noble famille de Thouars.

En 1243, Geoffroi de Thouars avait fait don de la sénéchaussée de Candé et du Lion-d'Angers à Geoffroi de Châteaubriant ; plus tard, il lui céda même la baronnie de Candé.

CHARTE DE GUILLAUME DE THOUARS

Il nous reste encore la preuve de cette seigneurie dans la charte ci-après datée de 1244 :

A tous les fidèles du Christ qui verront ces présentes lettres, Guillaume de Thouars, seigneur de Candé, salut en Notre-Seigneur : sachez-vous tous que pour l'amour de Dieu et pour pratiquer la charité, ainsi que pour le salut de mon âme et de celles de mes ancêtres, j'ai donné et concédé à titre d'aumône perpétuelle à l'hotel-dieu d'Angers, pour l'entretien des pauvres, tout le droit que j'avais et pouvais avoir, c'est-à-dire cinq sols, sur la maison achetée par Hervé du bourg de Vritz des héritages de Guillaume Bouteville, laquelle est située à Candé, sur le pont. Sans rien y réserver, ni pour mes héritiers, ni pour moi, et pour que cette donation soit ratifiée à perpétuité, j'ai livré audit hôtel-dieu les présentes lettres confirmées par l'apposition de mon sceau.

Donné au mois d'avril 1235, quoique donné contrairement à ma promesse et à mes engagements ; je n'ai apposé en fait mon sceau à la présente charte que le lundi avant la Nativité de la Vierge, l'an du Seigneur 1244. (Ce Guillaume de Thouars était un puîné de la maison des vicomtes de Thouars). (*Valuche, 96.*)

La baronnie de Candé a appartenu à la famille de Chemillé ; en 1383, elle passa dans la famille de Dinan.

Le plus ancien seigneur de Candé dont on retrouve la trace vivait vers l'an 1100. Isabeau de Thouars était dame de Candé, de la Guerche, de la Rochediré et de Challain.

Au XVIe siècle, elle passa dans la famille de Laval, et plus tard, dans la noble famille de Montmorency.

DON DE LA SÉNÉCHAUSSÉE DE CANDÉ, 1243

A tous... et à moi, noble homme, Geoffroy de Thouars, seigneur de Candé, etc., vous saurez que j'ai concédé à noble homme Geoffroy, seigneur de Châteaubriant, et à ses héritiers toutes les sénéchaussées de Candé, du Lion-d'Angers, de Chanveau et de Challain, près toutes leurs dépendances et toutes celles de ma terre en deçà de la Loire et que j'ai reçu son hommage, pour qu'elles lui appartiennent, ainsi qu'à ses héritiers, à titre héréditaire, à cause de l'échange fait par le même Geoffroy à Mathieu de Montrelais, chevalier de la susdite sénéchaussée, que j'ai concédée audit Geoffroy et à ses héritiers et dont j'ai reçu hommage, tant pour les fiefs nobles, que pour les bourgs et les campagnes. Moi, Guillaume, je dois avoir la moitié des issus et révenus tant que je vivrais, et, après mon décès, tout reviendra audit Geoffroy et à ses héritiers, en témoignage de quoi j'ai donné les présentes lettres signées de mon sceau fait au mois de décembre, le dimanche avant la Nativité, 1243.

TESTAMENT DE GEOFFROY DE CHATEAU-BRIANT, 1250

De même je réçois et je place dans les mains de mes exécuteurs testamentaires tous mes conquets de

Candé et de Challain, que je lègue à mes enfants issus d'Aumur, mon épouse.

Je veux aussi que le couvent de Marie de Melerai ait toujours du pain de froment et, pour cela, je lui assigne onze livres de révenu annuel sur la terre du seigneur de Châze et dix livres avec Guillaume de Prato.

En 1296, Maurice de Belville, chevalier seigneur de la Garnache et de Montagu, en son nom et comme tuteur de Maurice de Belleville, son fils, et de dame Sebile de Châteaubriant, sa feue femme, transporta, par échange, à Geoffroy VI de Châteaubriant la châtellenie de Candé et 60 livres de rente sur la terre de service.

En 1225 ou 1230, Guillaume de Thouars, baron de Candé, seigneur de Challain, de Chanveau et de Rochediré, épousa Elisabeth, fille de Guillaume, seigneur de la Guerche.

En 1390, Charles de Dinan était seigneur de Châteaubriant et de Candé.

En 1517, Jean de Laval, seigneur de Châteaubriant et de Candé, en rendit aveu à l'élection d'Angers, le 20 octobre 1517, à la duchesse d'Anjou et d'Angoulême.

Ce Jean de Laval fit son testament en 1542 et mourut quelque temps après. Il fut enterré dans l'église Saint-Nicolas de Châteaubriant : il était veuf de Françoise de Foix.

Lettres de pardon accordées par Jehan de Laval, seigneur de Candé, à Jacques d'Armaille pour avoir pris et tué avec l'arbalette et autrement « des bêtes fauves et noires en nos bois et forêts de Juigné et de Chanveau. »

MONTMORENCY, BARON DE CANDÉ

En 1522, le connétable de Montmorency reçut la seigneurie de Châteaubriant, de Candé et Chanveau par testament de Jean de Laval, qui n'avait plus d'enfants.

Anne de Montmorency, connétable de France, fils aîné du précédent, eut en partage un grand nombre de terres et entre autres les terres de Châteaubriant et de Candé.

En 1597, le connétable de Montmorency possédait la seigneurie de Châteaubriant. (*Histoire de Bretagne*, par dom Morice.)

Henri II de Montmorency succéda à son père aux seigneuries de Châteaubriant et de Candé.

En 1632, le samedi 30 octobre, le connétable Anne de Montmorency est décapité dans la ville de Toulouse, pour avoir pris les armes contre le Roi. Un service solennel fut célébré à Saint-Denis de Candé, le 16 novembre de la même année, pour lui.

Le Roi donna la terre de Candé, Châteaubriant et tout ce qui en dépendait, à M. le prince de Condé, beau-frère dudit sieur de Montmorency, lequel en vint prendre possession solennelle le 6 octobre 1633.

En 1764, elle fut acquise par M. de Scepeau, marquis de Beaupreau, qui la revendit en 1773 à M. Charles Brillet, seigneur de Loiré, avec le titre de baronnie, signé du roi Louis XV.

Quelque temps après, ce M. Brillet acheta la terre de l'abbaye Saint-Nicolas de Candé.

La dernière visite des princes dans notre pays fut celle du duc d'Aumale comme héritier du dernier des Condé. Il passa à Candé le 11 octobre 1842 pour aller à Châteaubriant.

PASSAGE DE VOIES ROMAINES A CANDÉ

Deux voies romaines se réunissaient à Candé, venant d'Angers. Elles sont parfaitement reconnaissables sur Bécon et le Louroux, qu'elles traversaient parallèlement dans toute la longueur, l'une vers le nord, qui sert de limite entre Bécon et la Pouèze, le Louroux et Angrie. Il existe encore au gué d'Availlé, près la Gachetière, une arche que ce chemin franchissait, en suivant toujours la rive droite de l'Erdre. L'autre voie, partant également d'Angers, passait par une ancienne maison bourgeoise dite la Grande Maison, à un kilomètre du sud de Bécon, par le moulin des Landes, à rendre au Louroux et de là, par la Burelière et les Hautallières, à Candé.

MONNAIE ROMAINE TROUVÉE AUX GRUCHAUX

Il y a environ deux ans, lors de la confection du chemin de fer de Segré à Nantes, en faisant les fondations du pont projeté sur l'Erdre, on a trouvé des fragments de poterie romaine. De là, traversant le pont de Saint-Denis et la grée Saint-Jacques, on retrouve au sud de la Teftaie, touchant le Jarrier, la voie que nous poursuivons. En cet endroit, au sud et en face la ferme de Guinefolle, on a trouvé, il y a une vingtaine d'années, dans une vieille carrière, sur la butte dite les Gruchaux, en y bêchant de la pierre, un pot en terre rempli de pièces de monnaie en métal, à l'effigie des empereurs et consuls romains, qui dataient de 250 à 253 et qui par conséquent étaient là depuis plus de 1600 ans.

VOZELLE PRÈS LE BIGROS

Et un peu plus loin, dans la lande des Bigros, sur la commune de Vritz, toujours dans la même direction, on retrouve la voie romaine ; mais, en cet endroit, il a été fait du travail de main d'homme, car elle est arrondie par des terres rapportées, semblables à celles qu'on fait aujourd'hui. On a fait bécher plusieurs jours dans cette chaussée pour prendre de la terre, on y a trouvé une pièce d'argent de la grandeur d'une pièce de cinquante centimes, à l'effigie de Jules César, dont l'exergue était (Julius Cæsar) parfaitement conservée. Il est à observer que Jules César est mort environ 50 ans avant la naissance de Jésus-Christ ; donc les légions romaines habitaient déjà notre pays. M. Boucé, propriétaire dudit terrain, a voulu la faire voir aux numismates à Angers, lesquels ont eu l'imprudence de la couper en plusieurs morceaux, si bien qu'elle a été malheureusement perdue.

Plus loin, lors de la construction d'une ferme nommée Vozelle, en creusant un vivier, on a trouvé une ancienne fabrique de poterie qui a paru être de ce temps-là ; on y a ramassé des débris, parmi lesquels il se trouve une petite statuette de Vénus.

OBSERVATION SUR L'ORIGINE DU MOT BIGROS

Les Celtes avaient, pour désigner une élévation, les mots *dun* et *briga.* Le mot *bigra* qui semble avoir eu la double acception de montagne et de château fort, se retrouve sous la forme *briga, Brigogilus,* dans les plus anciens noms de lieux de la Gaule. (*Hippolyte Cocheris, page 54.*)

Ne peut-on pas dire par analogie que le bigros de Vritz, qui est une hauteur traversée par la voie romaine et non loin des Gruchaux, où on a trouvé ces monnaies en question, cette ancienne poterie et où il se trouve encore des peulvens, n'est pas le briga celte ? Il y a simplement lieu à une transposition, et vous rétablissez le radical primitif.

En suivant la ligne droite de l'Erdre, depuis la ferme du Chêne jusqu'à Freigné, surtout en face de Bennefray, l'Erdre forme une vallée renommée pour le pittoresque de ses rochers schisteux et l'abondance de ses fleurs campagnardes et rares dont on connaît à peine les noms, et qui, aux mois de juin et juillet, font plaisir à voir. On y voit, en quatre endroits, sur les hauteurs du même côté, des blocs de quartz fichés verticalement et par trois, et distancés de l'est à l'ouest, qui sont regardés comme des peulvens celtiques.

Il s'y trouve beaucoup d'asphodèles ou bâtons de saint Jacques.

ORDONNANCE DU ROI CHARLES VII POUR RÉÉDIFIER LES MURAILLES DE CANDÉ, DU 26 AOUT 1437

Charles par la grâce de Dieu roi de France, à tous ceux qui ces présentes verront, salut : avons reçu l'humble suplication de notre amé et féal Bertrand de Dynan, chevallier, seigneur de Chateaubriant et de Candé-en-Lamée, et des manans et habitants de ladite ville et châtellenie de Candé, contenant que ladite ville de toute ancienneté est bien marchande et y fréquentent plusieurs notables marchands de divers et étrangers au pays, laquelle est assise en clef de pays marchisant (commerçant) à l'entrée de la Bretagne, est fins et limites de la duché d'Anjou et à cette cause, quand il y a gens d'armes au pays et a accoutumé d'être plus foulé par les gens d'armes et autres séjournants, passants et repassants par ledit pays, que autres, pour les vivres et autres nécessités qu'on y trouve, et pour ce lesdits suppliants, afin de y garder, retirer et sauver eux et leurs biens, lesdits marchands et leurs marchandises, ont proposés et intention de faire clore et fortifier ladite ville et le castel qui à ce faire sont avantageux et qui autrefois de grande ancienneté l'ont été, si sur ce nous plaisait leurs octroyer nos congés et licences, en nous humblement réquérant que attendu que ladite ville est chatelenie ancienne et que notre très cher et très amé frère le duc d'Anjou, seigneur moyen soubs nous de ladite ville et chastelenie, est d'accord que icelle ville et chastel soient clos et fortifiés, et que ce sera le profit des sudits habitants et aussi de nous, et la sûreté du pays d'environ et des marchands qui, à cette cause, y pourront seurement retirer leur marchandise, si, comme demandent lesdits suppliants, nous les veuillons sur ce pouvoir de notre grâce. Pour ce, est-il que nous, ces choses considérées, à ceux suppliants au cas des susdits avons donné et octroyé, donnons et octroyons, de grâce spéciale, pleine puissance et autorité par ces présentes, congé et licence de clore et faire clore et fortifier de nouveau tous fossés et ponts-levis desdites villes et chatel de Candé-en-Lamée, pourvu toutefois que ce ne nous tourne à préjudice et dommaiges ou aux droits dus au pays d'environ, et donnons en mandement, par ces mêmes présentes, au bailly de Touraine et des ressorts et exemtions d'Anjou et du Maine et tous nos autres justiciers et officiers, ou à leurs lieutenants et à chacun d'eux, si comme à lui appartiendra, que lesdits suppliants facent, souffrent et laissent jouir et user pleinement et paisiblement de nos présents, grâce, congé et licence; car ainsi nous plaît-il et voulons être fait, nonobstant quelconques ordonnances, mandements des différences à ce contraires ou témoins de ce. Nous avons fait mettre à ces présentes notre seel, ordonné en l'absence du grant, sauf en autres choses notre droit et l'entrée en toutes.

Donné à Lyon, le 26 août 1437, de notre règne le quinzième, sous notre seel, ordonné en l'absence du grant. Sur le pli est écrit : par le Roi, l'archevêque de Toulouse, les évêques de Clermont et de Maguelonne. Signature illisible.

NOMS DES PORTES DE CANDÉ

Sans doute, dès lors, les fortifications avaient péri avant le XVIIIe siècle. Pourtant encore apparaissent des vestiges de l'enceinte, surtout vers sud, le long des prés ; le souvenir restait des portes Angevine, de Bretagne, Chalainaise, Raitière. Le château, tout à l'ouest, près l'église qu'il enclavait, et couvert en partie par un vaste étang, le Mandie, depuis desséché, gardait encore sa motte et des pans de son donjon, qu'ont remplacés l'ancien hôpital, le presbytère, des cultures. Les fossés s'interrompaient où le roc seul formait défense, probablement à l'est, du côté de la rue de la Croix-Blanche.

DEUXIÈMES LIMITES DE CANDÉ

En dehors des anciennes murailles de la ville, ci-devant indiquées, il restait encore un terrain assez vaste et en partie bâti, dont la délimitation suit : à l'ouest, la rive extérieure des Mandies jusqu'à sa jonction dans l'Erdre ; et au sud, l'Erdre jusqu'à sa jonction avec le ruisseau de Moiron ; de là au pont de Bresfeu ou de Saint-Gilles, l'Erdre contourne le pré qui dépend de Candé, car le ruisseau qui borde les jardins est un canal fait pour la servitude des anciennes tanneries qui s'y trouvaient ; de là, suivant une ligne passant par la mare aux Chiens, et longeant la prée appelée le cimetière de Saint-Jean jusqu'à la fontaine Gauthier, elle suivait le petit filet d'eau qui s'en échappe jusqu'à Mandie.

ACCORD SUR LES DIMES HORS DES MURS

Le lundi 4 juin 1634, M. François Lefrançois, curé d'Angrie, et M. Nicolas Morin, curé de Candé, se sont accordés ensemble du procès qu'ils avaient, touchant la tierce partie des dîmes de Candé hors les murailles anciennes de la ville, que ledit curé d'Angrie demandait ; de quoi il a eu sentence à son profit au présidial d'Angers, d'autant que le curé de Candé n'y a point défendu, de peur qu'il ne lui en coûtât de l'argent. Celui d'Angrie n'avaît aucun titre, que des baux à ferme. L'accord fut que le curé d'Angrie jouirait de la tierce partie des dîmes en dehors des murailles. Donc une partie de Candé dépendait d'Angrie. *(Valuche, page 21.)*

TROISIÈMES LIMITES DE CANDÉ

Les dernières et troisièmes limites de Candé, partant des Mandies, suivaient, à l'ouest, l'ancienne délimitation entre Vritz et Freigné jusqu'à la grée Saint-Jacques, maison Lesné. De là, elles suivaient des chemins jusqu'au moulin Neuf, traversaient l'Erdre et remontaient jusqu'au moulin de la Saulaie, et suivaient un petit chemin, actuellement détruit, traversaient la route d'Ingrandes à rendre au village de Moiron, ensuite la rivière de l'Erdre. Ce nouveau territoire, d'une contenance de 27 hectares 82 ares, est détaché de Freigné par ordonnance du 3 juin 1837. Ensuite, tournant la commune de la Cornuaille en suivant le ruisseau de Moiron et la rivière jusqu'à la carrière à sable de Saint-Jean, elles enveloppaient le nouvel hôpital et suivaient la route de Loiré, prenaient, à gauche, un bout de la rue de la Grenouillère et ensuite, vers nord, elles suivaient la première haie pour remonter le chemin de Fiefbriant en tournant les moulins. De là, suivant la rue qui conduit au champ de foire jusqu'en face les maisons de la ferme dite de la Briantaie, à rendre aux Mandies, elles les contournaient jusqu'aux ponts de Saint-Denis. Cette superficie, détachée de la commune d'Angrie, par ordonnance du 16 mai 1836, est de quinze hectares.

ERDRE, RIVIÈRE

La rivière de l'Erdre, qui prend son nom au village des Erdres, en Angrie, sert de limite entre Angrie et la Cornuaille, entre Candé et encore la Cornuaille. Elle reçoit, à Candé, le ruisseau de Moiron et, un peu plus bas, le ruisseau de Mandie. Ensuite, elle continue son cours jusqu'à Nantes, qu'elle traverse, pour se perdre dans la Loire.

Au bas de la ruelle dite du Pertuis-Macé, à Candé, il y avait eu un moulin à l'eau, et c'est ce qui fit nommer cet endroit la Digue, comme aussi, un peu plus haut, le pont qui sépare Candé de Saint-Gilles se nommait pont de Brèfeu. Vers l'an 1792, un nommé Livenais, coutelier, vint d'Angrie s'établir à Candé. On l'appelait la petite république (tout le monde, en ce temps-là, avait un surnom à Candé). Il était un peu mécanicien et entreprenant; alors il fit bâtir un moulin à l'eau, au même endroit de l'ancien, il l'afferma à un nommé Dupain ; je me rappelle y être allé avec mon père porter du blé noir à moudre. Vers 1812, le sieur Livenais quitta Candé et alla s'établir à Lorient, en Bretagne ; alors le moulin tomba en ruine, et les Livenais d'Angrie, ses parents, en enlevèrent les matériaux. En ce temps-là, il y avait donc assez d'eau pour y établir des moulins. Il y avait aussi deux tanneries appartenant aux MM. Guérin, et une à la Gachetière, en 1632, tenue par M. Aubert. Il ne manquait presque jamais d'eau courante, en été comme en hiver.

Vers 1825, ou un peu plus tard, l'eau ne venait plus comme à l'ordinaire ; le courant tarissait presque tous les ans, sans que personne sût pourquoi, lorsqu'en 1858, M. Duponceau, propriétaire au château de la Pouèze, fit nommer, par le tribunal de Segré, trois experts, dont je fis partie, pour visiter les fermes autour du bourg. En faisant ce travail, nous trouvâmes, en deçà du bourg, d'anciennes carrières d'ardoises abandonnées depuis quelque temps et, au delà dudit bourg, d'autres carrières en activité, parfaitement montées de machines hydrauliques qui jetaient beaucoup d'eau. Alors j'appris que ces eaux allaient à Saint-Nicolas d'Angers, tandis que celles des anciennes carrières venaient du côté de la Gâchetière se jeter dans l'Erdre. Voilà pourquoi nous n'avons plus d'eau courante en été dans l'Erdre, depuis le changement des carrières.

BOISERIE ET CHAIRE A PRÊCHER DE CANDÉ

En 1782, M. Michel Fouquet, menuisier à Angers, chargé de la confection des nouvelles boiseries du chœur de Saint-Maurice d'Angers, mourut à l'œuvre. La même année, le 23 septembre, le sieur Gauthier, Jacques, sculpteur en bois, se chargea de l'entreprise et obtint, dès la fin de l'année 1782, un certificat du chapitre qui constate son activité, son assiduité et sa probité, le 17 août 1787. Un nouveau témoignage lui fut délivré, pour attester qu'il avait entrepris et exécuté la sculpture d'ornement du nouveau chœur à la satisfaction du public et des chanoines.

En 1788, il sculpta la chaire de Candé, très belle chaire, avec abat-voix, surmonté du pélican symbolique, travail remarquable et qui a mérité d'être conservé en partie dans l'église nouvellement reconstruite, attendu qu'on a été obligé de la replacer sur une colonne. On a pu y mettre tous ses accompagnements, qui étaient de première beauté : d'abord, la porte était sculptée et ornée de l'agneau de l'*Apocalypse* avec les sept sceaux ; ensuite, de chaque côté, il y avait deux énormes volutes.

Cette chaire était l'œuvre de M. Perron, Jean, menuisier, établi à Saint-Mars-la-Jaille, pour exécuter les travaux de menuiserie du château en construction à cette époque : il fut obligé de transporter tout son travail dans des mannequins, sur des chevaux, par la Vectaie, en suivant le chemin au sud du Louroux et de Bécon, qui était le plus praticable en ce temps-là pour aller à Angers. Elle fut placée au mois de septembre de la même année 1788, par les soins de M. Moutel, procureur de fabrique. Elle a coûté de façon sept cents francs et deux louis d'or de pot de vin.

La boiserie circulaire du chœur de la nouvelle église de Candé garnie de trente stalles, laquelle n'a jamais été finie, une partie du tabernacle et des gradins du grand autel, un raccommodage important aux portes du trésor au fond du chœur, les confessionnaux, le tout est l'œuvre du sieur Pierre Perron, de Candé, petit-fils du sieur Perron, Jean, désigné ci-dessus. Ces ouvrages ont été exécutés de 1840 à 1852.

Les bancs de ladite église ont été faits par quatre menuisiers de Candé, en 1882 et 1884 ; ils ont coûté environ 13,000 fr. On vient de finir le tambour placé à l'entrée de l'église.

Puisque nous sommes dans les boiseries de ma façon, je prends la liberté d'en rappeler quelques-unes :

1° Les boiseries de la Ferté-en-Loiré ;

2° Celles du château d'Angrie ;

3° Les boiseries et la chaire de Maumusson ;

4° La chaire de l'église de Saint-Mars-la-Jaille ;

5° Le banc du marquis de la Rochequairie, à la Chapelle-Glain ;

6° La chaire de Saint-Martin-des-Levées, près Saumur ;

7° La devanture de boutique de la maison Hervé, rue de la Poulaillerie, et plusieurs autres à Candé ;

8° La bibliothèque de Bourmont ;

9°. Les boiseries de l'église du Pin.

Au bas de l'église de Candé, dans la façade du clocher, la fenêtre ogivale qui s'y trouve est venue du pignon de l'ancienne église de Saint-Mars-la-Jaille : M. Baugé, curé de Candé, l'a achetée, et un nommé M. Ravart, propriétaire, a payé les vitraux, ainsi que le lustre placé au milieu de l'église.

CHAPITRE II

Histoire des bourgs, châteaux et principaux villages de la baronnie. Leurs seigneurs. Aveux anciens et intéressants.

LES ANGLAIS EN ANJOU

En 1359, la forteresse de la Roche-d'Yré fut occupée par les Anglais et prise de force par les Bretons, qui y restèrent longtemps.

En 1667, elle a appartenu à Fouquet, comte de Challain. Bernardin Fouquet, son héritier, vendit la terre à Messire Jean-Charles d'Andigné, marquis d'Angrie.

En 1700, ce dernier l'a revendue à M. Frédéric Parage, qui a fait du domaine une exploitation modèle.

Peu de temps après, 1359, pour mettre le comble aux malheurs publics, reparut la peste noire qui sévit pendant trois ans. Une comète noire se montra à cette époque, et cette apparition effraya les populations superstitieuses.

Les Anglais n'en continuaient pas moins leurs brigandages, en appelant à eux les compagnons de Robert Knolles, campés sur les marches d'Anjou et de la Bretagne.

L'invasion des Anglais en Anjou a duré bien longtemps ; c'est ce qu'on appelle la guerre de Cent-Ans. Les bandes parcouraient les campagnes et mettaient tout à feu et à sang, pillant, dévastant et rançonnant tout ce qu'elles rencontraient. Quiconque, n'ayant ni sol ni maille, se sentait le cœur hardi et le poignet solide, se joignait à elles ; aussi l'audace de ces bandes augmentait chaque jour. Non contentes de percevoir le revenu des villes conquises, elles se faisaient payer des sommes assez rondes pour leurs souliers et leurs bottes, d'où est venue l'expression « à propos de bottes ».

Chaque paroisse chargeait une sentinelle de veiller du haut du clocher et de signaler l'approche des malandrins en sonnant « *du cor à bouquin* ».

Messire Bertrand Duguesclin, ayant été requis par Messire Guillaume de Craon de l'accompagner pour combattre les ennemis postés sur les marches d'Anjou, courut à la rencontre de Hugues de Calviley.

Un auteur local prétend que la conduite des Anglais dans notre pays les avait tellement fait détester, qu'il croit que leur nom, en bas-breton *arzaozon*, fut l'origine du mot *arsouil*. Le tableau des campagnes, à cette époque, était lamentable ; et dire que les ducs d'Anjou vivaient joyeusement à la Cour, sans trop s'occuper de leur duché. C'est pour cela qu'il a été tant construit de châteaux de défense en Anjou. La terreur était à son comble ; dans certains pays, on ajoutait aux litanies : « *A crudelitate Anglorum libera nos, Domine.* »

Candé a eu beaucoup à souffrir des Anglais : ils y ont même fait un camp, dont on voit encore les restes à environ un kilomètre de la ville, sur l'ancienne route qui conduisait à Angers, près la ferme du Guebly, et qui a gardé le nom de Butte aux Anglais.

Au sujet de ce nom, je me souviens d'une histoire qu'on peut rapporter : M. Gaillard, ancien percepteur à Candé, vers 1830, eut un différend avec un jeune bourgeois de Candé, qui, sur-le-champ, lui proposa un duel, qui cependant n'eut pas lieu ; le lendemain, M. Gaillard composa ce petit couplet, qui n'est pas mal :

Ce matin avant l'aurore,
Je reçus un billet doux.
C'était, j'en frémis encore,
Un très cruel rendez-vous.
Il fallait, comme à Saint-George,
Avec un jeune Français,
Aller se couper la gorge
Sur la butte des Anglais.

Ces bandes, paraît-il, avaient l'habitude d'envahir Candé, le plus souvent aux heures des repas, quand la soupe était trempée, et ils la mangeaient. C'est pour cela qu'on dit encore souvent, quand le repas est terminé : « Allons, en voilà encore un que les Anglais n'auront pas. » J'ai même vu, lors du partage des landes de Vritz, au bout des grandes landes, des quantités innombrables d'excavations dont toutes les terres étaient jetées du même côté, au levant. J'ai toujours pensé que, lorsque les bandes de pillards avaient des craintes, elles s'y réfugiaient ; et là, elles ne craignaient pas les flèches et n'étaient pas faciles à approcher.

BATAILLE DE PONT-VALLIN

Candé a été souvent le théâtre de ces invasions, étant placé entre l'Anjou et la Bretagne. Telle était la situation de l'Anjou en 1370, quand Charles V ordonna à Duguesclin de purger les provinces de l'Ouest de ces hordes de barbares. Son premier combat fut la bataille de Pont-Vallin, livrée le 11 novembre 1370 ; neuf cents Anglais y furent tués. Tandis que les Anglais ravageaient l'Anjou, sans trêve ni merci, le duc Louis d'Anjou était en Guyenne, où il guerroyait en paladin, sans s'inquiéter du sort de ses sujets.

Bertrand Duguesclin avait épousé Jeanne de Laval, laquelle, pour augmenter l'ardeur des soldats, leur envoya André de Lohéac, son petit-fils, à peine âgé de quinze ans, lui remettant à son départ l'épée de Duguesclin, son aïeul, en lui disant : « Dieu le rende aussi vaillant que celui qui la portait. » Les Français se dirigèrent rapidement vers Segré, que les Anglais avaient brûlé et dont ils avaient démoli la forteresse. Les coureurs du comte d'Aumale lui apprirent que les Anglais, après avoir imposé une forte rançon à la ville, emmenaient avec eux, en Normandie, les habitants les plus riches du pays en otages, pour assurer le payement des impôts, dont ils avaient écrasé le pays. Ils poussaient, en outre, devant eux, des troupeaux de bœufs et de vaches ; ils étaient arrivés à Bourneuf-la-Forêt, quand ils furent signalés par des éclaireurs français. Les Anglais voulurent se retrancher au moyen de barricades. Les chevaliers anglais qui avaient mis pied à terre pour combattre auprès des archers n'eurent pas le temps de remonter en selle et furent presque tous massacrés ; une centaine d'hommes seulement, sur 2,800, échappèrent au carnage. Les bourgeois de Segré furent rendus à la liberté, et les paysans reprirent leurs troupeaux de bœufs. André de Lohéac fut fait chevalier sur le champ de bataille, à la grande joie de son gouverneur, Messire Montjean, qui lui prédit un brillant avenir.

Cette bataille fut livrée dans les landes de la Brossinière, village situé sur les marches d'Anjou et de Bretagne, à sept kilomètres ouest de la Baconnière. La charrue découvre encore en cet endroit des débris de casques et d'épées qui ne laissent aucun doute sur l'emplacement exact de cette heureuse rencontre. On croit que la date de ce combat serait 1423. (Tome V, *Revue d'Anjou.*)

FAMILLE BRILLET, SEIGNEURS DE LOIRÉ ET DE CANDÉ

Messire Guillaume Brillet fut successivement évêque de Saint-Brieuc et de Rennes, archevêque de Césarée, et mourut en 1441.

Geoffroid Brillet, neveu du précédent, se maria deux fois : 1° avec Blanche de Champaigné, et, en secondes noces, en 1445, avec Guillemette de Montboucher, de laquelle descendent les Brillet, seigneurs de l'Aubinière-au-Moine, dont la postérité subsiste encore. Il mourut en 1486.

Guillaume Brillet, chevalier, seigneur de Monthorin, en Louvigné-du-Désert, fils du précédent, était né du premier lit ; on ignore qui il épousa.

Guyonne Brillet, sœur du précédent, dame de la Hardouinais et de la Vallée, en la paroisse de Louvigné-des-Bois, épousa Pierre de Cornuillé, dont elle eut trois enfants.

Messire Pierre-Clovis Brillet, seigneur de Loiré, natif de Châtelais, veuf de dame Marie-Ernée Montplacé, demeurait à Candé, dans la maison nommée la Treille, qu'il avait arrentée en 1776 par acte de

M. Edin de la Touche, notaire à Candé, moyennant une rente perpétuelle de 115 fr., et, depuis, cette maison prit le nom d'hôtel du Loiré.

Le 10 mars 1784, les moines de Saint-Nicolas d'Angers arrentèrent à M. Brillet de Candé la ferme de Saint-Nicolas de Candé et ses dépendances pour 1,200 livres.

Pendant la Révolution, il resta à Candé et ne fut pas inquiété : il s'était blessé et était incapable de porter les armes ; il mourut à Candé le 22 vendémiaire an V (13 octobre 1796), âgé de quatre-vingt-quatre ans.

M. de Scépeaux, marquis de Beaupreau, possédait la baronnie de Candé et la vendit, en 1773, à M. Charles-Clovis Brillet de Loiré et dame Françoise-Adélaïde du Breil du Buron, son épouse, avec le titre de baron de Candé.

Le 28 fructidor an VIII, il revendit la maison de Candé à M. Jean Terrien, propriétaire à Freigné, pour 2,400 livres, par acte de Me Antoine Potel, notaire à Candé.

Le 8 novembre 1796, M. Charles-Clovis Brillet, maria M. Jean-Marie-Antoine Brillet, son fils, en la commune d'Angers, avec demoiselle Catherine-Pauline Gontard, fille de M. Charles-Guillaume Gontard, seigneur de la Pichonnière.

M. Charles-Clovis Brillet, seigneur de Candé et Chanveau, en 1773, était procureur de Pierre-Clovis Brillet, seigneur de Loiré, et de Jacques-

Prégent Brillet de Villemorge, seigneur du Menil-en-la-Potherie, chevalier de l'ordre de Saint-Louis.

Le dimanche 22 décembre 1747, Messire Jean Jousseau, doyen de Candé, a béni la chapelle du Gué-de-Loiré, que Jean Gabory, sieur de la Lande et seigneur du Gué-de-Loiré, a fait bâtir, tant ladite chapelle que toute la maison et domaine, depuis vingt-cinq ans, qu'il n'y avait qu'un chétif corps de logis au milieu d'une pièce de terre.

COMICE AGRICOLE DU 8 SEPTEMBRE 1876

Extrait du discours de M. le Président, 8 septembre 1876.

Notre Comice a fait cette année, Messieurs, une perte bien cruelle : M. le baron Clovis de Candé est mort le 24 mai dernier. Permettez-moi de vous dire quelques mots sur cet homme de bien, ce collègue que nous avons tous aimé et estimé, que nous regrettons tous, j'en suis convaincu.

M. de Candé a été l'un des fondateurs de notre Comice ; il en était, depuis vingt-six ans, un des membres les plus éclairés, les plus assidus. Il se faisait un scrupule d'assister à toutes nos réunions, et, quand il y manquait, c'est qu'il était malade ou retenu ailleurs par de graves affaires.

Nous l'avons tous vu, spécialement dans la commission chargée d'examiner les chevaux ; avec quel soin, avec quelle attention il regardait chaque animal ! et cela sans jamais chercher à savoir quel pouvait en être le propriétaire.

Le propriétaire à ses yeux n'était rien, l'animal était tout. M. de Candé était pour nous le modèle des commissaires.

CHATEAU DE LA SAULAIE

Le château de la Saulaie, en la commune de Freigné, près Candé, ancien fief et seigneurie relevant du Breil de Freigné et dont dépendait le village et l'église de Beaulieu, fut assiégé, en avril 1591, par le comte de Rochepot. Le domaine appartenait, en 1549, à Julien Simon, mari de Jeanne Dupré, et passa à la famille de l'Esperonnière, qui le possède encore aujourd'hui, par le mariage de Renée Simon, fille unique de Claude Simon, seigneur de la Saulaie et de Vritz, avec Messire François de l'Esperonnière, fils d'Antoine, seigneur du Pineau et de la Roche-Bardoul.

Durant les troubles de la Ligue, le château de la Saulaie fut assiégé et bien défendu par ceux qui étaient dedans, de sorte que le sieur de Rochepot, gouverneur d'Anjou, qui l'avait assiégé, avait résolu de lever le siège pour retourner à Angers, lorsque le feu prit aux poudres des assiégés, ce qui les obligea à se rendre.

Dans ce temps, toute la province tenait pour la Ligue, excepté Angers ; les frères de Saint-Offenge se rendirent célèbres par leur attachement à la Ligue; ils s'étaient fortifiés à Rochefort, qu'ils rendirent imprenable, et ne le rendirent qu'à la paix de 1598. (Roger, *Histoire d'Anjou.*)

Après le siège de la Saulaie, le portail d'entrée et le pont-levis restèrent ruinés jusqu'en 1655, où ils furent rétablis.

Voici comment s'explique Valuche à ce sujet : « En cette année 1655, M. de la Saulaie a fait refaire le portail et pont-levis de sa maison, près Beaulieu ; il n'avait point été rebati depuis que le siège l'avait rompu, qui fut en l'année 1591, au mois d'avril. »

Le 22 février 1655, Messire de la Saulaie fit faire un autel en une de ses tours pour faire une chapelle avec fondation de 60 livres de rente ; cette chapelle fut bénie par Messire Vincent Drouault, prieur de Beaulieu, et Messire Jean Taillandier, curé de Freigné, le lundi 18 dudit mois de février (*Valuche, page 68*), sous le vocable de Notre-Dame de la Conception.

M. de l'Esperonnière obtint du Roi, en 1654, l'autorisation de remettre en état les défenses du château, ruinées depuis le siège, et fit rétablir le pont-levis ; l'ensemble est renfermé dans un carré bordé de douves murées ; la chapelle actuelle a été consacrée le 7 octobre 1720.

Messire Antoine de l'Esperonnière, seigneur de la Roche-Bardoul et autres lieux, de l'une des plus anciennes et des plus nobles familles d'Anjou, eut la dévotion de faire le voyage de la Terre-Sainte, vers l'année 1480 ; et, s'en revenant en France par mer, le vaisseau où il était fut attaqué par des corsaires infidèles ; il fut fait prisonnier, avec tous ceux qui étaient avec lui. Ce gentilhomme, étant trop éloigné de son pays pour faire savoir à ses parents l'état où il était réduit, gémit dans sa captivité. Enfin, voyant que le secours des hommes lui manquait, il eut recours à Dieu et fut inspiré de faire vœu que s'il recouvrait la liberté, il ferait bâtir une chapelle en l'honneur de la très sainte Vierge, dans le lieu le plus éminent de toutes ses terres. Dieu exauça sa prière, car à peine eut-il fait ce vœu, qu'il fut délivré de son esclavage d'une manière toute miraculeuse, dont les circonstances ne nous sont pas connues. Dès qu'il fut de retour dans sa maison, il pensa à exécuter la promesse qu'il avait faite à Dieu et résolut de bâtir une petite chapelle en l'honneur de sa très digne Mère, et, pour cet effet, il choisit le sommet d'une éminence ou petite montagne située en l'une de ses terres, nommée le Puits-de-la-Garde, en la paroisse de Saint-Georges, en Anjou, diocèse de Maillezais, maintenant de la Rochelle. Cette montagne était autrefois péserte, inhabitable, couverte de bois et même inaccessible et sujette à toutes les injures de l'air pendant l'hiver et fort éloignée du voisinage ; les villes de Chemillé, de Vézins et de la Tour étant à une grande lieue de distance. Mais, en récompense, la situation en est admirable, le paysage en est fort orné ; on y découvre de loin des bois, des villes, des prairies, des rivières, et tout ce qui peut rendre une vue charmante. Ce fut en ce lieu qu'Antoine de l'Esperonnière commença à bâtir sa chapelle en l'honneur de Notre-Dame. Elle ne fut pas d'abord magnifique, car il ne la fit qu'en façon d'arceau, sur lequel fut posée la charpente le 8 octobre 1481, et, dans cette chapelle, il fit dresser un petit autel, sur lequel il fit placer une image de la Vierge tenant sur le bras droit l'enfant Jésus et portant un sceptre de la main gauche, pour marquer l'empire qu'elle a au ciel. Cette image se voit encore sur le grand autel de Notre-Dame-des-Gardes. Le bruit des miracles qui s'y firent se répandit partout ; on y venait en foule de toutes parts.

M. de l'Esperonnière, seigneur du Pineau, successeur du bien et du zèle de Messire Antoine de l'Esperonnière, jeta les yeux sur le P. Chapouin, récollet, homme d'esprit et de piété, du couvent de la Basmette d'Angers, lequel inspira à M. du Pineau la pensée de s'adresser aux religieux augustins de Poitiers ; le P. Martin Guillaume, prieur, accepta et vint trouver M. du Pineau dans sa terre du Pineau, située commune de Thouarcé. M. du Pineau lui fit l'histoire de l'établissement de la chapelle de Notre-Dame-des-Gardes, des miracles qui s'y faisaient, des grands concours de peuples qui y venaient et y faisaient des offrandes ; il le pria d'accepter le soin de cette chapelle et lui promit de lui donner un emplacement et toute l'étendue de terre qui serait nécessaire pour y bâtir un monastère pour ses religieux, et même des maisons pour loger les pèlerins. On mit pour la première fois le saint Sacrement dans le tabernacle, le 20 mars 1604, en attendant la confection des bâtiments. M. du Pineau reçut les moines dans son château de Bouzillé, paroisse de Melay ; dame Gilberte de Vaugirault, son épouse, et tous ses enfants ne lui cédèrent en rien dans les libéralités qu'ils firent à ce monastère.

AVEU DE BOURMONT

« Dame Marie-Renée Neveu d'Urbé, veuve de feu Messire Antoine de l'Esperonnière, vivant chevalier seigneur de la Roche-Bardoue, Vritz, le Breil et autres lieux, et comme ayant la garde noble de ses enfants mineurs, est ma vassale de foy lige pour raison de ladite terre et seigneurerie du Breil, la Saulaie et fief des Malnutes, consolidées pour un hommage et m'en doit servir et continuer par chacun an outre ladite foy et hommage la somme de dix livres de service rendable en mondit château de Bourmont audit jour de l'Angevine.

« Pareillement es-dite qualité, ladite dame d'Urbé est ma vassalle de foy simple à cause et pour raison de son lieu, domaine et métairie du Grand-Tesseau et rentes qui en dépendent appellées les rentes de Juigné et m'en doit aussi par chacun an, outre ladite foy et hommage, quatre sols de taille et douze grands boisseaux d'avoine menue à comble, mesure ancienne dudit Bourmont de rente rendable, comme dit est et audit terme d'Angevine. »

DÉCÈS DE M. FRANÇOIS DE L'ESPERONNIÈRE

Le mercredi 18 janvier 1662, sur les trois heures après midi, est décédé Messire François de l'Esperonnière, seigneur de la Roche-Bardoul, du Pineau et autres terres en Poitou, de Vritz et la Saulaie, près Candé, et plusieurs autres dont je n'ai pas la connaissance ; il a été inhumé en une chapelle à lui appartenant proche ledit Pineau. Il était âgé de 80 ans, et est père de noble homme Antoine de l'Esperonnière. En son honneur, ils ont sonné les cloches de Notre-Dame-de-Beaulieu, vendredi 20 janvier, depuis huit heures du matin jusqu'à 4 heures du soir. Il était décédé dans sa maison du Pineau... Dieu lui fasse pardon : Ainsi-soit-il. *(Jacques Valuche, folio 96.)*

Ce François de l'Esperonnière est le même qui avait épousé Renée Simon, désignée ci-dessus (folio 29).

Arrêt du Conseil du 21 juillet 1701. M. de l'Esperonnière, seigneur de Vriz, du Hulec, de Pommeraye, aux armes d'hermines frettées de gueules avec couronne de comte.

Au mois d'août 1651, M. de la Saulaie a fait planter un gibet ou potence à la grée Saint-Jacques, en la paroisse de Vriz, là où il y en avait eû un autrefois, qui avoit été rompu il y avoit bien 30 ans. *(Valuche, 70.)*

Le 10 novembre 1665, Messire Antoine de l'Esperonnière était qualifié : chevalier des ordres du Roi, seigneur de la Roche-Bardoul, Vriz, le Plessis, Mozay, le grand et le petit Pineau, le Breil, la Saulaie.

En 1705, il est dit : Messire François de l'Esperonnière, chevalier des ordres du Roi, lieutenant de la grande vénerie de France, seigneur de la Roche-Bardoul, la Saulaie, le Breil, de la terre et châtellenie de Vriz.

GÉNÉALOGIE DE LA FAMILLE DE L'ESPERONNIÈRE DEPUIS SA PRISE DE POSSESSION DE LA SAULAIE (1612) JUSQU'A NOS JOURS

De Messire François de l'Esperonnière et de dame Renée Simon mentionnée ci-dessus, naquirent deux fils et une fille. Il acheta le Breil en 1619, et mourut au château du Pineau, comme il est dit ci-dessus, le 18 janvier 1662.

Antoine de l'Esperonnière, fils aîné, marquis de la Rochebardoul, seigneur de la Saulaye, Vriz, le Breil, les Gardes, le Pineau, et chevalier des ordres du Roi, lieutenant de la grande vénerie de France, naquit vers 1615 ; il épousa demoiselle Charlotte de Goddes, en 1652. En 1654, il reçut de Louis XIV des lettres patentes lui permettant de faire agrandir les douves du château de la Saulaie, et clore avec ponts-levis, mâchicoulis et canonnières, travail qu'il fit exécuter immédiatement ; puis il fit établir une chapelle dans l'une des tours, et la dédia à l'Immaculée Conception : elle fut dotée d'une fondation de 60 livres de rente. Cette chapelle fut bénie par Messire Vincent Drouault, prieur de Beaulieu, et Messire Jean Taillandier, curé de Freigné, le 22 février 1655. En cette même année, il fit édifier le pont-levis et le portail d'entrée.

Antoine de l'Esperonnière mourut au château de la Saulaie, le 1er janvier 1685. Il fut inhumé dans l'église de Vriz.

Ce fut l'église de cette paroisse, dont les l'Esperonnière étaient seigneurs châtelains, qui servit d'enfeu à la famille, jusqu'à la Révolution. Barthelémy Roger, dans son *Histoire d'Anjou,* cite Antoine de l'Esperonnière et son frère François parmi ceux qui ont bien servi Sa Majesté le roi Louis XIV aux Pays-Bas et en Franche-Comté, et pendant tout son règne.

Antoine de l'Esperonnière et Charlotte de Goddes eurent pour enfants un fils et une fille. François de l'Esperonnière, marquis de la Roche-Bardoul, seigneur de Vriz, la Saulaie, le Breil, et chevalier des ordres du Roi, lieutenant de la grande vénerie de France, naquit en 1660.

Il épousa damoiselle Catherine de Constantin, en 1689, dont il eut un fils et deux filles. Ce fut lui qui fit bâtir la chapelle actuelle de la Saulaie, sur l'emplacement de la tour, qui sauta pendant le siège de 1591. Elle fut consacrée le 7 octobre 1720 ; également vers la même époque, il remania en partie le château de la Saulaie.

François de l'Esperonnière mourut à la Saulaie en septembre 1726, et fut enterré à Vritz, dans l'enfeu de famille.

Antoine de l'Esperonnière, marquis de la Roche-Bardoul, chevalier, seigneur de Vriz, la Saulaie, le Breil, etc., né au château de la Saulaie le 22 décembre 1690, fut baptisé en l'église de Beaulieu.

En 1718, il était capitaine dans le régiment de cavalerie de la Ferronnaye. Il épousa, en 1716, damoiselle Marie-Renée Nepveu d'Urbé.

Il mourut à la Saulaie, en octobre 1734, à peine âgé de 44 ans ; il fut enterré en son enfeu, dans l'église de Vriz.

Antoine de l'Esperonnière et Marie-Renée Nepveu d'Urbé eurent cinq enfants :

Anne-Sophie de l'Esperonnière, sœur du précédent, religieuse de la Visitation, fondatrice et supérieure du premier couvent de cet ordre, à Madrid, où elle devint l'amie intime du roi et de la reine d'Espagne, et où elle mourut en odeur de sainteté, le 15 octobre 1759.

François de l'Esperonnière, aîné des cinq enfants, mourut âgé de cinq mois.

Jacques-Thomas de l'Esperonnière, que la mort de ses frères rendit fils aîné, naquit à la Saulaie, le 13 mai 1723.

A l'âge de 14 ans, le 3 décembre 1737, il reçut du roi Louis XV son brevet de lieutenant en second au régiment d'infanterie d'Auvergne. Il fut nommé capitaine dans le même régiment, le 15 septembre 1743. Il prit part à la guerre de Sept Ans, et assista à la bataille de Fontenoy, en 1745 ; il donna sa démission après son premier mariage. Il se maria deux fois : il épousa d'abord, le 21 octobre 1746, damoiselle Louise-Marie-Françoise Robineau de Rochequerrye, laquelle mourut le 8 avril 1758. De ce premier mariage, il eut deux filles :

1° Louise-Antoinette-Marie-Michelle, qui épousa Messire Joseph-François Robineau, seigneur de Bougon, le 26 septembre 1770.

Je me suis laissé dire par mon oncle Jean Perron,

par rapport à la demande en mariage de Mlle Louise de l'Esperonnière, que M. de Robineau, arrivant des colonies d'Amérique, alla très modestement à la Saulaie faire son compliment et sa demande à M. de l'Esperonnière, qui lui dit : « Mais, Robineau, Robineau, vous n'êtes pas noble ; et puis avez-vous de la fortune ? » M. Robineau lui répondit : « Monsieur, mes titres ne sont pas vieux de date, c'est vrai, mais ils sont honorables, signés par Sa Majesté Louis XV, et vous saurez que les colons d'Amérique, envoyés là par le roi pour son service, et qui y font plus de dix ans, sont nobles de droit, quand ils sont sans reproche. Quant à ma fortune, si vous voulez mettre tous vos biens en vente, je peux vous les acheter. » — « Diable, diable, dit M. de l'Esperonnière, vous aurez ma fille. » Il se maria (1770). Par la suite, il acheta Pontron. Les biens du clergé se vendirent le 14 avril 1791.

2° Sainte-Antoinette-Sophie. Ces deux demoiselles firent leur éducation au couvent de la Grippière, et cette dernière y est restée religieuse.

Il épousa en deuxièmes noces, le 29 mai 1781, damoiselle Marie-Rose-Céleste de la Bintinaye.

Il fut nommé conseiller au parlement de Bretagne en 1753 ; cette place lui coûta dix-neuf mille quatre cent cinquante-neuf livres. Il avait alors pour titre : Haut et puissant seigneur Messire Jacques-Thomas, chef de nom et d'armes de l'Esperonnière, chevalier, seigneur de Vriz, la Saulaie, le Breil, la Boulairie et autres lieux, conseiller en la grande Chambre du parlement de Bretagne. Il mourut au château de la Saulaie, le 25 octobre 1784; il fut enterré en son enfeu, en l'église de Vriz.

Sa veuve, Marie-Rose-Céleste de la Bintinaye, mourut à Rennes en 1822, et fut enterrée en cette ville.

Jacques-Thomas de l'Esperonnière et Marie-Rose-Céleste de la Bintinaye eurent deux fils :

1° Antoine-Marie-Jacques, fils aîné, né à Rennes le 15 janvier 1783 ; il épousa à Rennes, le 23 juillet 1813, demoiselle Elisabeth-Marie-Céleste de la Bintinaye, qui mourut à la Saulaie le 28 juin 1863. Il décéda au château de la Saulaie, le 23 juin 1864.

2° François-Marie-Louis-Joseph, né à Rennes le 26 juin 1785, huit mois après la mort de son père, fut capitaine de la garde Royale et démissionnaire en 1830. Il est décédé à Combrée, le 8 septembre 1860.

La famille de l'Esperonnière est originaire de l'Anjou méridional. Elle porte pour armes : d'hermines frettées de gueules, couronne de comte.

NOTES DIVERSES. — La Roche-Bardoul, fief et seigneurie, paroisse de Chemillé, en Anjou, passa aux l'Esperonnière en 1357, par le mariage de Hardouyn de l'Esperonnière, chevalier seigneur dudit lieu, avec damoiselle Jehanne Bardoul, dame de la Roche.

Ce fut leur fils, Jehan de l'Esperonnière, qui reçut une lettre du roi Charles VI, en 1403, pour se rendre à la Rochelle, relativement aux affaires de Guyenne « avec le plus d'hommes d'armes que faire se pour- « rait. »

C'est à la Roche-Bardoul que fut attribué, par Louis XIV, le titre de marquis, que commença à porter Antoine de l'Esperonnière, lieutenant de la grande vénerie de France, vers 1660.

La Roche-Bardoul sortit de la famille de l'Esperonnière vers la moitié du XVIIIe siècle, par un mariage.

La Saulaie dépendait du Breil, et le Breil dépendait de Bourmont.

Le Breil avait droit d'avoir gibet à deux piliers et liens au-dessus et au-dessous, dedans et dehors, lequel gibet était anciennement au lieu dit la Carrée du Breil, pour mettre et empiéger les malfaiteurs.

Au commencement du XVIe siècle, le fief de la Saulaie comprenait : depuis l'arche de Beaulieu, qui faisait la séparation des paroisses de Freigné et de Saint-Denis de Candé, et en tout ledit bourg et appartenance d'icelui entre la rivière de l'Erdre et le ruisseau de Moiron. Il comprend : Le village de l'Aubriaye et de la Thebaudaye, la ligne de séparation des paroisses de Freigné et de la Cornuaille, la Garrelière, la Hingangère, la Renidourdière, l'Érusardière, la Rigolière, appartenant au prieuré de Beaulieu, la Cavelenaye, la Renotière, la closerie du prieuré de Saint-Nicolas de Candé, le village de la

Brulairie et la Deroualaye, etc. ; — le petit et le grand Tesseau, plus divers prés et terres.

« Item mon moulin à bled près la Saulaye, mes moulins à eau appellés les moulins neufs, avec cuve et étang.

« J'ai droit de moyenne et basse justice. »

Le fief des Malnutes s'étendait de la fosse de Giroir (ou Girouard), rivière de L'Erdre, en remontant vers le nord, jusqu'au bout d'occident de la pièce des Gruchaux, de Guine-Folle, où est un carrefour entre les garennes du Colombier et les terres de Guine-Folle, et jusqu'au chemin qui sépare l'Anjou de la Bretagne.

PRISONNIERS FUSILLÉS A LA SAULAIE

En 1793, vingt jeunes gens de Candé et des environs, parmi lesquels se trouvait M. Laumailler, frère de celui qui a été maire de Candé, furent fusillés. Ils étaient dans les chouans, et on leur avait promis la vie sauve s'ils se rendaient, moyennant seulement une quinzaine de jours de prison, laquelle était alors dans la rue Bourgeoise, où est actuellement la Société. Un général passant par hasard à Candé, avec trois ou quatre cents hommes, demanda au geôlier s'il y avait des prisonniers. Sur sa réponse affirmative, le lendemain ou le surlendemain, il les fit conduire, sans autre forme de procès, au moulin de la Saulaie, et les fit fusiller. Tous tombèrent ; mais un qui était blessé légèrement se sauva par l'allée de la Saulaie et fut se cacher dans un champ de choux, tout près de l'Aubriaye. Poursuivi vivement par des cavaliers, il allait s'échapper, quand un paysan, interrogé s'il n'avait pas vu le fuyard, indiqua sa retraite. Cette dénonciation, qui valut la mort du prisonnier, ne resta point impunie ; car, dès la nuit suivante, le dénonciateur fut tué par les chouans.

Acte inique, qui a transformé ces jeunes gens en martyrs ; aussi le champ où furent jetés leurs cadavres, dans une carrière abandonnée, recomblée depuis, porte-t-il le nom de Champ des Martyrs. On y fait des voyages assez souvent.

Quelques jours après, il fut tué, à Candé, un autre jeune homme, qui fut transporté au même endroit.

La demoiselle Marie Laumailler, désirant faire rapporter son oncle à Candé, fit creuser dans cette carrière par des maçons, qui retrouvèrent le dernier enterré. Pierre Beduneau fils trouva dans l'épaule de ce cadavre la balle qu'il avait reçue ; l'eau les gagnant, ils abandonnèrent leurs recherches.

Un autre aveu de la châtellenie de Vriz dit : « Confesse que les nouveaux mariés de cette dite paroisse de Vriz, de chaque année, sont obligés de s'assembler à l'issue de la grande messe, le jour de saint Gervais et de saint Protais, où les hommes doivent, avec un quillard de la grandeur de trois doigts, frapper un esteux ou boule qui doit leur être présenté à chacun par trois fois en forme de jeu de paume, lesquels quillard ou boule sont fournis par le dernier marié ; à l'issue, leurs femmes doivent danser et dire chacune une chanson, suivant l'ordre ancien et au lieu accoutumé.

« Item, audit fief sont sis et situés, au long de la rivière d'Erdre, les lieux du grand et du petit Tesseau.

« Item, mon moulin à vent, à bled et sur demi masse, sise près ma dite maison de la Saulaie, sur un roc, gré et jaunais ; mes moulins à l'eau, vulgairement appelés les moulins neufs, avec étang, jardin et chaussée. » (*Aveu de 1622.*)

On voit dans l'aveu de la Veillais, de 1705 : « Confesse mon dit seigneur a eu ladite terre et châtellenie de Vriz et, pour raison d'icelle, droit de haute, moyenne et basse justice.

« Item confesse en outre tenir, savoir : est un lieu, domaine et métairie sise et située au village de la Lande (les grands Gués), ainsi qu'il se poursuit et comporte. »

On comptait jadis deux chapelles sur le territoire de Vriz ; l'une, située au village de la Grée-Saint-Jacques, qui a été détruite en 1834, était dédiée à saint Jacques ; la seconde, sous l'invocation de saint Philippe, se trouvait au village de Présouré.

Depuis les temps les plus reculés, l'église de Vritz

est placée sous l'invocation de saint Gervais et saint Protais.

Vriz, autrefois Very, est plus habituellement écrit Vritz depuis 1789 ; avant cette époque, le nom de cette paroisse s'écrivait ordinairement Vriz.

Le château de la Saulaie a été transformé, en 1880, par la construction de nouvelles servitudes ; puis, en 1882-1883, par la construction de l'aile ouest du château et de la terrasse entre les deux pavillons.

En 1660, l'église de Vriz avait été rebâtie, et Mme de la Saulaie y plaça la première pierre. Il y a quelques années, M. de Saillys, propriétaire à Candé, ayant beaucoup de fermes à Vriz et voyant le clocher en mauvais état, l'a fait rebâtir à ses frais, et, en cette année 1885, la commune reconstruit l'église à neuf pour achever le travail commencé par M. de Saillys.

CHATEAU DE BOURMONT, COMMUNE DE FREIGNÉ

Bourmont, ancien fief et seigneurie érigé en comté dans les premières années du XVIIIe siècle, rendait aveu à la baronnie de Candé ; en relevaient la Burelière jusqu'au XVIe siècle, le Breil, le fief Bureau, Juigné, le grand Tesseau. Le seigneur de Bourmont était fondateur des cures et prieurés de Freigné, de Saint-Georges, des Eglouis, de Beaulieu, des

Augustins de Candé et de la cure de la Cornuaille. En 1697, Marie-Hélène de Maillé de la Tour-Landry l'apporte en mariage à Marie-Henri de Ghaisne ; elle est décédée et inhumée le 22 février 1752, âgée de 97 ans, dans l'enfeu de famille, à Bourmont.

Le château, qui servait de refuge, jusqu'au XVIIe siècle, aux habitants de Candé, lors du passage continuel des troupes, est entouré de douves et même de doubles douves du côté de l'entrée, avec un parc muré de près de cent hectares de contenance ; dans la cour d'honneur, il y a une chapelle, dont la porte d'entrée est surmontée des armes du prince de Condé.

Le château est remarquable pour ses planchers en bois de chêne, garnis de moulures, et ses belles portes intérieures, qu'un architecte de Nantes voulait faire disparaître lors des réparations, mais que M. le comte Louis de Bourmont a préféré faire réparer et compléter dans le même style. La bibliothèque est aussi de bonne façon.

Lors des réparations de la tour sud-ouest, on a découvert sur le mur, au nord, un superbe écusson, qu'on croit aux armes du prince de Condé, surchargé de Milan.

Extrait d'une déclaration de la remembrance de la châtellenie de Bourmont pour la Clanchelière, par les héritiers de dame Marie Garnier, tenue à Bourmont par François-Christophe-Ambroise Guibourd de Luzinaie ou Luzenaie, avocat au parlement, sénéchal, seul juge ordinaire civil et criminel de la châtellenie de Bourmont.

Détail des fermes de Bourmont avant la vente nationale de 1792 :

La Biettière, la Poulinière, la Bobicière, Crottier, le Chêne, le Colombier, la Dandelière, les hauts Églouis, les bas Églouis, la Fremondrie des Églouis, la haute Feuvraie, Grézeau, la Errouère, la Hersandière, la Jolivraie, la Minfrière, la Menagerie, la petite Pironnière, la Sauvagère et le Domaine. Vingt fermes ; sept ont été vendues nationalement en 1792.

AVEU DE LA MOUZAIE, 1733.

Les sieurs Mingault, Pierre, et Bellanger, Jean, à dame Marie-Hélène de Maillé de la Tour-Landry, veuve de haut et puissant seigneur Messire Marie-Henri de Ghaisne, vivant, chevalier, comte de Bourmont, lieutenant de Messeigneurs les maréchaux de France, dame des paroisses, terres et châtellenies de Bourmont, Freigné et la Cornuaille, comtesse de Ghaisne et autres lieux.

Confessent les dits déclarants, à cause de leur dit lieu de la Mouzaie, être sujets d'aller moudre leurs bleds et autres grains aux moulins de ma dite dame, à faire la garde en son dit château, faire la huée au loup dans les bois et buissons de la dite paroisse de

Freigné, quand il plaira à ma dite dame la commander, que ma dite dame a droit de quintaine quand le cas y échais, de création, d'officiers de haute, moyenne et basse justice, de prison, colliers, justice patibulaire, etc.

AVEU DE BOURMONT A LA PRINCESSE LOUISE-ANNE DE BOURBON-CONDÉ

Extrait d'un aveu du 25 septembre 1738 de Louis-Henri de Ghaisne, seigneur de Bourmont et la Cornuaille, fils de dame Marie-Hélène de Maillé de la Tour-Landry, rendu à la princesse Louise-Anne de Bourbon-Condé, première princesse du sang, dame de la ville et baronnie de Candé.

Et au dedans de ladite paroisse de Freigné, est situé mon dit château et maison forte de Bourmont, clos de douves, grands fossés et murailles garnies de grosses tours à mâchicoulis et périées à batteries et dont les portes sont fermantes à pont-levis et autrement, à mon plaisir.

Le moulin de l'arche de Beaulieu était du domaine de Bourmont.

Le moulin à l'eau de Moiron ou des Noyons, avec droit d'élever les eaux à la hauteur de la chaussée, était du même domaine.

Art. 200. — J'ai droit de contraindre les habitants de ma dite paroisse de Freigné et ceux de la Cornuaille à faire la garde en mon dit château de Bourmont pour le service du roi, par lettres patentes de Sa Majesté.

Art. 201. — Je suis seigneur fondateur de l'église prieuré et cure dudit Freigné et de la chapelle Saint-Georges des Églouis, annexée auxdits bénéfices, et est tenu de moi ledit prieuré à foi et hommage simple, et m'en doit le prieur du dit lieu, par chacune semaine, cinq messes, et, aux fêtes solennelles de chaque année, deux fouasses et deux pintes de vin entre matine et la grand'messe, payable sous l'ormeau du cimetière au dit lieu de Freigné, lesquelles redevances sont appelées *fouillées.*

Item, je suis seigneur fondateur du prieuré de Notre-Dame de Beaulieu, sis près votre dite ville de Candé.

Item, je suis seigneur fondateur de l'église et couvent des Augustins près aussi votre dite ville de Candé, aux charges du divin service, par les religieux du dit couvent, plus à plain déclaré par la fondation qui leur en a été faite par les prédécesseurs de la dite dame de Maillé de la Tour-Landry, ma mère, auquel couvent et église j'avoue droit de prérogative et prééminence à seigneur fondateur appartenant.

Item, je suis seigneur fondateur de la chapelle de Saint-Gille, autre fois desservie icelle chapelle près les Augustins, proche le dit Candé et m'en doit le chapellain une messe par chaque mois de l'an, et d'autant que la dite chapelle est tombée en ruine ; les vestiges, avec le domaine, ont été relaissés au dit couvent des Augustins à la charge de servir la dite messe.

Item, je suis fondateur de Saint-Cristophe, chapelle près mon dit château, et pareillement de la chapelle Saint-Jean-l'Évangéliste, et me doit le chapelain, pour les deux chapelles, trois messes par chacune semaine de l'an, et cinq deniers de cens chacun an, au jour de Notre-Dame Angevine. D'icelles chapelles dépend la matairie de Guinefolle.

Dame Marie-Renée Nepveu d'Urbé, veuve de feu Messire Antoine de l'Esperonnière, vivant, chevalier, seigneur de la Roche-Bardoul, Vriz, le Breil, et autres lieux, et, comme ayant la garde noble de ses enfants mineurs d'avec le dit seigneur, est ma vassale de foy lige pour raison de la dite terre et seigneurie du Breil, la Saulaie et fief des Malnutes, consolidées pour un hommage et m'en doit servir et continuer par chacun an, outre la dite foy et hommage, la somme de dix livres de service, rendable en mon dit château de Bourmont, au dit jour de l'Angevine.

Pareillement ès dites qualités, la dite dame d'Urbé est ma vassale de foy simple à cause et pour raison de son lieu, domaine et métairie du Grand-Tesseau et rentes de Juigné, et m'en doit aussi par chacun an, outre la dite foy et hommage, quatre sols de taille et douze grands boisseaux d'avoine à comble mesure ancienne du dit Bourmont de rente rendable comme dit est et au dit terme d'Angevine.

Item, j'avoue avoir droit de gibet et justice patibulaire, à marque de châtellenie, où il était anciennement en la commune de Freigné et de la Cornuaille, où il me plaira pour mettre et empiéger les malfaiteurs.

J'ai pareillement droit de faire frapper l'écusson de mes quintaines à chacun de mes hommes et sujets étagiers et généralement tous autres demeurant en mes dites paroisses qui tiennent en arrière fiefs, nouveaux-mariés, et de les traiter et amander par mes cours chacun à leur endroit, à défaut de ce faire ou de dument faire leur devoir, de courir et de rompre le bois ou lance, savoir : dans ma dite paroisse de Freigné, ceux de ma châtellenie de Bourmont, et dans ma dite paroisse de la Cornuaille, ceux de ma châtellenie de la Cornuaille.

J'ai pareillement droit de bailler mesure à bled et à vin à mes sujets étagiers et d'en prendre les profits qui en appartiennent et même les amender en cas de défaut.

J'ai pareillement droit de lever péage sur les marchandises passant par mes dites paroisses, de levages et étalages de toutes marchandises et denrées qui sont vendues ou étalées à la porte au-devant des églises du dit Freigné, de Notre-Dame-de-Beaulieu, des dits Augustins, aux jours d'assemblées ou autrement à raison de ma dite châtellenie de Bourmont, ainsi qu'à la porte au devant de l'église paroissialle de la Cornuaille.

J'avoue pareillement avoir, dans l'une et dans l'autre de mes dites châtellenies, tous droits d'épaves, forestages, de melletonnages, droits d'aubainages, désérence et four banal, et de connaître de toutes actions civiles et criminelles et droits de juridictions ordinaire ou contentieux pour traiter mes sujets par ma cour tout ainsi que mes prédécesseurs et moi avons accoutumé d'en jouir et également de juridiction volontaire, tabellionages et sceaux de contrats.

ÉTYMOLOGIE DE LA CORNUAILLE

D'après Taillandier, auteur de l'*Histoire de Bretagne* (livre 16, page 9), Cornuaille veut dire la pointe ou l'extrémité de la Gaule *(Cornu Galliæ)*. Il prétend que cette partie de l'Anjou faisait partie du royaume breton et que ce nom, donné à un petit bourg situé en Anjou, près Candé, en est une preuve.

Tout ce qu'on peut rapporter à ce sujet, c'est que Freigné et la Cornuaille faisaient partie du diocèse de Nantes pour le spirituel, quoique de la province d'Anjou pour le temporel. C'est ce qui faisait dire aux habitants qu'ils étaient du Dieu de Bretagne et du diable d'Anjou.

M. Louis-Marie-Eugène de Gaisne de Bourmont décéda le 21 janvier 1791, laissant deux enfants mineurs.

TUTELLE DES MINEURS DE BOURMONT

Les 5 et 7 janvier 1792, devant M. Edin de la Touche, juge de paix à Candé, et Pierre Grosbois, greffier,

A comparu dame Joséphine-Sophie de Coutance, veuve dudit M. Louis-Marie-Eugène de Ghaisne de Bourmont, pour ses deux enfants mineurs, savoir :

1° M. Louis-Auguste-Victor de Ghaisne de Bourmont, âgé de dix-sept ans et demi (le Maréchal), déjà officier au ci-devant régiment des gardes françaises.

2° Donatienne-Sophie-Hélène, âgée de treize ans.

Premier témoin, M. Jacques-Louis de la Rochefoucauld-Bayers, du dit château de Plessis-Landry, paroisse de la Mothe-Achard, parent au deuxième degré paternel, a donné procuration à M. Alexis-Antoine Charlery de la Guibretais, commandant de la garde nationale de Candé.

PÉTARDS DU PARC DE BOURMONT

Vers 1794, le général de Bourmont étant à Bourmont avec les deux cents chasseurs appelés les chasseurs de Bourmont, un commandant du régiment qui était à Angers eut envie de traverser le pays et de passer à Bourmont. Il alla dire à son général que la peur des chouans était illusoire, qu'il parierait qu'avec trois ou quatre cents hommes, il prendrait Bourmont et mettrait les chouans en déroute; le général lui permit d'exécuter son projet. Il vint donc furtivement par Ingrandes, et arriva devant Bourmont. M. de Bourmont pensa que ce n'était qu'une avant-garde, et qu'il fallait se retirer plutôt que de résister; il vint donc à Candé, avec ses deux cents chasseurs, tout en laissant quelqu'un pour lui rendre compte de ce qui se passait. Le commandant entra à Bourmont, sans aucune résistance. Ayant apporté avec lui plusieurs caisses de pétards à longues mèches, il en fit mettre sur les murs autour du parc et partit précipitamment pour Candé. Arrivé à la Saulaie, tous les pétards du parc étaient en feu : on entendait, à Candé, une fusillade épouvantable. M. de Bourmont, averti de ce qui se passait, se dirigea sur Angrie, prit avec lui la compagnie de Sans-Peur et alla camper dans le cimetière du Loroux, pour attendre le commandant et sa troupe. Là, il y eut une terrible affaire : M. de Bourmont, aidé de Sans-Peur, les battit. Ils rentrèrent à Angers tout en désordre, et le commandant fut obligé de dire à son général qu'on ne l'y reprendrait plus. *(Dire de Jean Perron.)*

En 1793, il y eut un traité signé dans la maison

Lachèse, aujourd'hui appartenant à M. Leroux, Désiré, à Candé : les chefs républicains et vendéens s'y étaient réunis. Pendant ce temps, M. de Bourmont guerroyait au Mans.

En 1795, au mois d'octobre, M. de Scépeaux, qui, après la prise du camp de Pontron, envahi par trois mille Angevins suivis de leur artillerie, avait transporté son quartier général au château de Bourmont, en Freigné, près Candé, brûlé plusieurs fois pendant les guerres de Vendée, envoya le jeune Bourmont réclamer le concours de Gaulier et de Coquereau. Les deux chefs arrivèrent auprès du général le 31 octobre. Les chouans avaient adopté, pour se prévenir entre eux, l'usage du cornet qui servait jadis à appeler les laboureurs aux repas.

Du côté de Bourmont, les républicains tentèrent d'écraser la troupe de M. de Scépeaux. Sans-Peur, assailli à Sainte-Gemme-d'Andigné par les républicains d'Angers et de Château-Gontier, éprouva des pertes sérieuses. Peu après, une colonne mobile de deux cents patriotes fut exterminée à Challain-la-Potherie (Maine-et-Loire), dans la lande de la Croix-Couverte, par les chasseurs de Bourmont, qui formaient l'élite des chouans. Quatre-vingts carabines furent le trophée des hommes de M. d'Andigné.

M. de Bourmont fut chargé de se transporter au Mans, avec cinq mille hommes. Il entra au Mans, le 15 octobre 1799, et y resta trois jours. Il ne parvint pas à s'emparer du bourg de Ballée, défendu par les patriotes et par leurs femmes, avec une rare intrépidité.

Les combats recommencent. Gaulier était resté à Saint-Mars-la-Jaille. Louis Coquereau, chargé du commandement des Bretons et appuyé par un piquet de cavalerie, conduit par l'adjudant général de Châtillon, s'avance d'un côté pendant que Sans-Peur prend une autre direction. Les chouans se reposaient à Pannecé, canton de Saint-Mars-la-Jaille. Soudain, les bleus tombent sur eux à l'improviste. Malheureusement, les Bretons se souviennent d'avoir vu un lièvre se sauvant dans une direction de mauvaise augure, et ils se débandent. Ils fuient vers le camp sans tirer un coup de fusil et traversent la rivière à gué, les hussards ayant occupé le pont que les chouans avaient traversé au départ. Sans-Peur survient et repousse l'ennemi. Quatre-vingts républicains, reconnus pour avoir participé au massacre de Quiberon (25 juillet 1795), sont fusillés.

Les événements se précipitent et le 18 brumaire an VIII (19 novembre 1799) survient. Le général Hedouville arrive à Angers. Il envoie un de ses officiers, Paultre de la Motte, à M. de Châtillon, pour lui offrir la paix. Une suspension d'armes est décidée, après une réunion au bourg d'Angrie, canton de Candé, arrondissement de Segré. Le lendemain, M. de Châtillon fait partir Louis Coquereau pour

Saint-Laurent, afin de prévenir M. de Bourmont, en passant par Daon.

M. de Bourmont alla conférer de la paix avec M. de Châtillon, puis rentra à Saint-Denis, à son quartier général. Le Congrès de Pouancé eut lieu le 27 décembre 1799. La série des préliminaires de paix fut discutée entre M. le comte de Bourmont, d'Andigné, la Roche-Saint-André, d'une part, Bonaparte et Talleyrand, de l'autre; puis, de nouveaux pourparlers s'engagèrent à Candé, le 8 janvier 1800, entre les généraux Duroc et Lacuée, aide de camp de Bonaparte, d'une part, et les chefs de la chouannerie, de l'autre. L'exercice du culte catholique fut déclaré libre, et on promit d'exempter d'impôts les départements de l'Ouest pour les six premiers mois de 1799 et 1800.

EXPÉDITION D'ALGER

En 1830, des corsaires d'Alger capturèrent un vaisseau des Etats du Pape et firent, sans raison, prisonnier tout l'équipage. Le Pape s'adressa à la France pour lui faire rendre justice. Notre ambassadeur fut chargé par le roi Charles X de faire des remontrances au dey d'Alger, qui le reçut on ne peut plus mal; notre ambassadeur se retira, en lui faisant observer que c'était une insulte faire à la France.

Aussitôt après, le général de Bourmont, alors ministre de la guerre, fut nommé général en chef de cette expédition, et, à l'exemple de Napoléon Ier, il ne mit pas à deux fois, et partit accompagné de quatre de ses fils.

Arrivé à Alger, on fit placer la flotte en vue des fortifications, comme pour commencer le feu. Les Bédouins ne s'attendaient pas à un stratagème ; car, par mer, ce port est imprenable. Pendant ce temps, les Français, montés sur des bateaux plats, débarquaient à deux ou trois lieues de là, en rase campagne, dans la presqu'île de Sidi-Ferruch. Il y eut aussitôt un combat, au lieu nommé Sidi-Kalef. C'est là qu'un des fils de Bourmont, Amédée, fut blessé à mort, le 24 juin 1830. Son corps fut rapporté en France et enterré dans l'église de Candé, et, en 1841, on fit un nouveau cercueil en chêne, où il fut déposé et conduit à Bourmont, dans l'enfeu de famille.

Le maréchal de Bourmont était né à Bourmont en 1773, et y est mort le 27 octobre 1846, âgé de 73 ans.

BEAULIEU, PRÈS CANDÉ

La fondation de l'église de Beaulieu, due au seigneur de Bourmont, qui y conserva les honneurs seigneuriaux, date du 2 février 1390. C'était une belle église, avec chapelle de chaque côté du transept; le chœur était voûté, rareté presque unique dans le pays. Il y avait autour des murs, à l'intérieur, un rang de pierres, de hauteur de siège, comme on en voyait dans les anciennes basiliques, pour les pauvres. Les seigneurs de la Saulaie y avaient leur enfeu de famille. Il s'y créa, dès le milieu du XVe siècle, un centre de population assez important.

La fondation de l'église de Beaulieu doit être antérieure à la date ci-dessus, car Geoffroid de la Tour-Landry, seigneur de Bourmont et de la Cornuaille, mari de Jeanne de Rougé, qui en est le fondateur, en parle dans un curieux livre, daté de 1372, qu'il avait composé pour l'enseignement de ses filles. Il relate, au chapitre 35 de ce livre, un singulier et très étrange miracle qui, prétend-il, s'opéra à une vigile de Notre-Dame de Beaulieu, dans ladite église. Le héros de cette histoire s'appelait *Perrot Luart,* sergent de Candé-en-Lamée.

Anciennement, on avait l'habitude de mettre de la paille dans les églises paroissiales, à la fête de Noël, et sur les champs, aux quatre fêtes de l'année. Mgr l'Évêque d'Angers abolit cette coutume en 1607; cela était trop déshonnête.

Le prieuré conventuel de Notre-Dame-de-Beaulieu fut fondé longtemps avant le XIVe siècle, dans la paroisse de Freigné, au carrefour des routes d'Ancenis et d'Ingrandes, proche la ville de Candé.

L'abbé de Saint-Gildas-des-Bois, en Bretagne, en avait la présentation. Cette église ou chapelle était grande et assez magnifique. Elle a été autrefois fort cultivée, pendant que les religieux de l'abbaye de Saint-Gildas y demeuraient et y faisaient le service, au nombre de dix. Elle était tellement fréquentée, qu'on y a vu quelquefois plus de vingt processions des paroisses d'alentour, et la dévotion y était si grande, qu'on assure qu'autrefois, dans un faubourg de Candé, la rue qui conduit de la ville à Beaulieu était bordée de maisons où demeuraient des marchands qui, comme à Saumur, ne vendaient que des chapelets et des images de Notre-Dame. Cela a duré pendant plusieurs siècles; mais, depuis que les religieux de Saint-Gildas en sont partis, il n'y est plus resté qu'un prêtre desservant cette chapelle, qui est devenue succursale de la paroisse de Freigné. Le saint Sacrement est toujours sur l'autel, dans le tabernacle. On y voyait encore, lors de la Révolution, l'image de la Vierge, qui a, dit-on, donné lieu à la fondation du prieuré et de la chapelle. Elle avait une couronne sur la tête et tenait l'Enfant-Dieu sur un bras; elle était ceinte d'une ceinture avec agrafe. Assez près de cette image, qui a été rompue, on voyait à mi-corps la figure d'un mouton, dans la muraille de l'autel: ce qui autorisait la tradition du pays, qui veut qu'un berger, gardant son troupeau au lieu où a été bâtie cette chapelle, s'aperçut un jour qu'un de ses moutons se détachait du troupeau, comme pour aller paître dans un buisson d'épines, où il entrait fort avant. Comme cela arriva plusieurs jours de suite, le berger et autres personnes y cherchèrent et découvrirent cette statuette de la sainte Vierge.

Le seigneur de Bourmont fit don d'un vaste enclos aux religieux, en 1545. Mais leur départ suivit de près, précipité sans doute par les dangers des guerres, il n'y resta qu'un prêtre desservant la chapelle. On y enterrait, jusqu'à la Révolution, dans un cimetière particulier, que les masuriers de Beaulieu firent clore, en 1645, et où l'on se faisait transporter, par dévotion, de toutes les paroisses d'alentour.

Le village, épargné au passage de l'armée de Vendôme, pendant les jours gras de 1616, grâce à la protection du capitaine Saint-Germain, originaire de Vriz, fut pillé à la fin du carême, par un retour exprès de la bande de Maillot-Saint-Denis. L'église fut de nouveau dépouillée, dans la nuit du 19 mars 1651, par le fils d'un boulanger de Rennes, qui fut pris à Maumusson et pendu à Angers.

Les colonnes du transept étaient garnies, dans les chapiteaux, de cariatides du XVe siècle qui, comme on sait, font des grimaces aux bonnes gens qui viennent prier Dieu. Aussi, à Candé, c'était passé en proverbe : lorsqu'on rencontrait quelqu'un qui avait mauvaise figure, on le comparait aux satyres de Beaulieu ; les mères, fâchées contre leurs enfants, disaient toujours : « Va donc, va donc, tu ressembles aux satyres de Beaulieu. »

Noms des habitants de Beaulieu, leur profession : Thomassin, serrurier, 1728 ; Devineau, tissier, 1732 ; Joubert, Jacques, écrivain ; Gaudin, Maurille, marchand cirier, 1734 ; Gélineau, Pierre-René, marchand tissier ; Mahé, tailleur ; Lecoq, Pierre, serger ; Coué, Pierre, closier, 1744 ; Noury, Pierre, marchand, 1766 ; Blanchet, Louis, maître écrivain ; Cottenceau, mercier, sacristain. Ce dernier sonnait la messe, la chantait, la répondait, la servait et, je pense, donnait le pain bénit quand il y en avait.

En 1815, il existait encore, à Beaulieu, une petite maison ayant une ouverture fermant avec une table qui se rabattait et sur laquelle M. Gaudin faisait son étalage de cierges et de bougies de un et deux sous, le jour de la Chandeleur.

Une chose qui est remarquable, c'est que, sur vingt-deux villes qui sont en Anjou, il y en avait dix-neuf qui reconnaissaient Notre-Dame, la sainte Vierge, pour patronne ; car leurs premières églises, qui sont les plus anciennes, ont été fondées en son honneur. Il y a même beaucoup d'apparence que ces villes n'ont été bâties peu à peu qu'à cette occasion : les maisons ou hôtelleries qu'on faisait autour de ces chapelles servaient pour loger les pèlerins qui venaient de tous côtés.

AVEU DE L'ABBAYE DE BEAULIEU

En 1771, le 4 décembre, par-devant Me Michel Blanchet, notaire royal à Ingrandes, Joseph de la Borde, prêtre, religieux chargé de procuration de ses supérieurs, s'est avoué sujet des fiefs et seigneuries du Breil et de la Saulaie, appartenant à Messire Jacques-Thomas de l'Esperonnière, de Vriz, seigneur de Malnutes et de la Boûlairie, pour le prieuré de Beaulieu. Il était dû un jallais de vin, contenant 13 pintes et chopine, mesure de roy, dû pendant la quinzaine de Pâques, pour la communion des habitants du dit lieu de Beaulieu, sur la maison dite la mazure, jardins et vergers en dépendant, appartenant aux héritiers Maurille Gaudin, situés au bourg de Beaulieu. M. Juin, propriétaire, demeurant près de l'église, était chargé de la distribution de ce vin.

L'église de Beaulieu a été démolie pour y construire la maison d'habitation de M. Alexandre Gaudin, en 1840.

FONDATION DES AUGUSTINS DE CANDÉ

En l'an 1390, le 2e jour de février, Clément VII étant pape, Geoffroy de la Tour-Landry fit bâtir l'église et couvent des Augustins de Candé, en la paroisse de la Cornuaille, en l'évêché de Nantes. Il leur donna aussi usage de pêcher aux anguilles en ses trois étangs, à la charge de dire tous les matins une messe et de faire prière en français à leur grand'-messe pour lui et pour défunte Jeanne de Rougé, sa femme.

Charles de Dinan, seigneur de Châteaubriant et de Candé, ratifia la dite fondation et « *indemna* » les terres du dit lieu, le 26e jour de juin 1418, à la charge que les dits augustins feraient tous les ans, le premier jour de mai, un service avec trois grandes messes, pour ses amis trépassés.

Extrait d'un aveu du 25 septembre 1738, de Louis-Henry de Ghaisne, seigneur de Bourmont et de la Cornuaille, fils de dame Marie-Hélène de Maillé de la Tour-Landry, rendu à la princesse Louise-Anne de Bourbon-Condé, dame de la ville et baronnie de Candé, qui dit : Je suis seigneur fondateur de l'église et couvent des Augustins, près votre ville de Candé, aux charges du divin service par les religieux du dit couvent, plus en plain déclaré par la fondation qui leur en a été faite par les prédécesseurs de la dite dame de Maillé de la Tour-Landry, ma mère, auquel couvent et église j'avoue droit de prérogative et prééminence à seigneur fondateur appartenant.

SAINT-GILLES, CHAPELLE

Item, je suis seigneur fondateur de la chapelle de Saint-Gilles, autrefois desservie icelle chapelle près les Augustins, proche le dit Candé, et m'en doit le chapelain une messe par chaque mois de l'an et d'autant que la dite chapelle est tombée en ruine, les vestiges avec le domaine ont été délaissés au dit couvent des Augustins.

Les Augustins ont été réformés à la diligence du frère René Maret, l'un des moines du couvent et enfant de la Brocherie, en la Cornuaille, en 1609; ils vivaient d'une mauvaise vie; le plus souvent il n'y avait que la cloche à chanter leurs matines. Ceux qui voulurent prendre l'habit de réformation furent autorisés à le faire. Il n'y eut que le frère Tristan Bréchau et le dit Maret, qui prirent la réformation. *(Jacques Valuche.)*

Les Augustins de Candé ont démoli la chapelle de Saint-Gilles, qui était proche leur couvent vers amont, en 1616, pour y tirer de la pierre pour leurs bâtiments.

Le prieur a fait construire et clore son logis avec murailles tout autour; en cette année 1648 et au commencement de 1649, il a fait clore le pâtis de Saint-Gilles, sur le bord de la fontaine du Pissepré ou de Saint-Gilles. *(Jacques Valuche.)*

Le six février 1628, un novice des Augustins a célébré sa première messe et avait invité pour parrain et marraine M. d'Angrie et Mme la comtesse de Châteauroux, ce qu'on n'avait point encore vu jusque-là. *(Jacques Valuche.)*

Le village de Saint-Gilles, en la Cornuaille, près Candé, dépendait des Augustins. L'ancienne chapelle, dédiée à saint Gilles, qui se trouvait dans le champ au sud de la fontaine et dont était fondateur le seigneur de Bourmont, fut démolie en 1616, par les moines, pour avoir de la pierre pour reconstruire leur église, qui fut bénite par Mgr l'évêque de Saint-Brieuc, le 16 octobre 1622.

Les moines avaient creusé de larges douves pour séparer leur jardin. L'une, commençant à la maison du prieur, allait jusqu'à Moiron; une autre, partant du même endroit, se rendait au ruisseau de Moiron, partageant le pré en deux. Ils avaient transporté toutes les terres le long du mur du chemin de Moiron, pour y faire une allée, dont il reste une partie non loin des bâtiments.

Les Augustins, une partie du village de Saint-Gilles et la Hingandière, le tout fut vendu nationalement, lors de la Révolution. M. Grégoire Lachèse, maître en chirurgie, propriétaire, dont l'habitation n'était séparée de l'abbaye que par la rivière d'Erdre, l'acheta, ainsi que les prés, jusqu'à Moiron. Il afferma les bâtiments : la gendarmerie de Candé y a logé longtemps. Il afferma les prés à un nommé Rigault, habitant de Candé, un travailleur actif, qui n'a jamais craint sa peine. Ce Rigault, chose incroyable, se mit en tête de combler les douves qu'avaient creusées les moines et de remettre les terres à leur place, ce qu'il fit à la brouette; ce travail a duré plusieurs années.

L'église fut détruite, sauf le bâtiment qu'on voit encore sur le chemin et qui était la sacristie; une partie des boiseries servit dans la maison de M. Lachèse, pour faire des cloisons : elles y sont encore. Il y avait aussi un chappier à tiroirs; M. Guérin l'avait fait monter dans le grenier de la maison qu'il avait achetée dans la Grande-Rue, et qui avait appartenu, avant la Révolution, à M. le comte de Maillé. M. Baugé, curé de Candé, le racheta et me fit reconstruire, avec les vieux tiroirs, le chappier qui existe encore dans la sacristie de notre église.

STATUE DE MOÏSE BRULÉE

Toutes les statues des saints furent enlevées. Parmi celles-ci était la statue en bois de Moïse tenant les tables de la Loi. M. Lachèse la fit monter dans le grenier de sa maison, qui appartient maintenant à M. Leroux, propriétaire.

Un jour, M. Lachèse fit descendre Moïse et le fit jeter dans le foyer pour faire du feu et le faire brûler. Ce fut en vain : toute la journée le saint resta intact; mais, le lendemain matin, Moïse était en cendres. Le propriétaire voyant cela en se levant, dit: Le b..... n'a pas voulu qu'on s'en chauffe.

Pendant cette journée, il sembla s'élever une

grande tempête au dehors : toute la maison tremblait comme au dernier jour, il semblait que cette maison allait s'abîmer dans un horrible fracas ; on entendait de sourds et terribles gémissements ; c'était affreux. Dans cette maison se trouvaient de saintes personnes qui étaient loin de partager les idées du propriétaire ; on voulut les retenir à coucher, afin de ne pas les exposer à l'ouragan, elles refusèrent. Quand elles furent sorties, le temps était calme, pas la moindre petite brise. Arrivées chez elles, elles demandèrent si on avait eu peur de l'ouragan ; on leur répondit qu'il n'en avait pas fait, que le temps avait toujours été beau et calme pendant toute la journée : Alors, dirent-elles, c'est la tempête de Moïse... Ceci se passait pendant la Révolution, en 1793. — Raconté par des dames Gelineau de Candé, qui étaient présentes.

La maison Lachèse est nommée, dans les vieux titres, la maison du Pertuis-Macé. Elle a un certain cachet d'antiquité. Sans savoir l'époque de sa construction, ses cheminées en briques ont un peu de rapport avec celles du château de Chambord, en Sologne, à 16 kilomètres de Blois, lequel château fut bâti par François Ier, en 1533; mais cette maison n'est certes pas de ce temps-là. On voit au-dessus de la porte d'entrée la date de 1739. M. Leroux, Désiré, propriétaire actuel, possède un acte de vente au rapport de Me Paupin, notaire à Candé, en date de 1737, par lequel M. Fleury de Chalonne, greffier en titre du grenier à sel de Candé, la vend à M. Charles Chauveau, notaire à Candé, au nom de Mme veuve Martineau, sa fille. L'aveu est signé par la princesse Louise-Anne de Bourbon-Condé, dame de la baronnie de Candé.

M. ROBERT-JALLOT

Au commencement de ce siècle, Beaulieu possédait trois maisons de maître. La principale appartenait à M. Juin père, dont le fils, M. Juin, Henri, la vendit à M. le baron d'Arthuis, lequel acheta, peu de temps après, de M. Lachaise, premier acquéreur, l'ancien cloître des Augustins. Le tout réuni forma un beau parc, traversé par la rivière de Moiron, entouré de murs, clos à l'ouest par la rivière de l'Erdre, qui comprenait de vastes servitudes, une grande cour avec grille. M. Robert-Jallot, qui a acheté cette propriété de M. d'Arthuis, y a fait construire, en 1872, une superbe habitation, qui se trouve entourée de bosquets, charmille, pelouse, pièce d'eau, potager, prairies. Tout cela réuni forme une habitation charmante.

ABATTOIR ET LAVOIR A CANDÉ

En l'année 1884, la ville de Candé a fait construire un très bel abattoir, près le pont de Saint-Denis.

C'est une dépense qui coûtera cher à la ville, car on parle déjà de plus de 40,000 fr. On construit aussi, cette année, un lavoir superbe, qui ne coûtera pas moins de 4,800 fr. Notre petite ville de Candé n'en dira rien, c'est un enjolivement ; mais quand elle sera obligée de payer, on pourra peut-être lui rappeler ce qui se disait à Candé, il y a près de cent ans, d'un nommé Briant, jardinier : en parlant de ses choux, ce bonhomme répondait toujours : Oui, ils sont chers, mais ils sont bons. Le proverbe en était resté pour tout ce qu'on trouvait trop élevé de prix : c'est comme les choux du père Briant, disait-on, c'est bon, mais c'est cher. De même, on pourra dire de nos objets : c'est beau, mais c'est cher.

SAINT-NICOLAS DE CANDÉ (ABBAYE)

1. — En 1100, Geoffroy Rorgon, seigneur de Candé, accorda à la même abbaye de Saint-Nicolas un emplacement, pour bâtir un prieuré avec église spéciale pour les moines. Celle-ci tombait en ruine en 1630, et fut restaurée en 1660 ; mais il n'en restait plus, à la Révolution, que l'emplacement. L'église était où est actuellement le haras. La ferme fut arrentée par les moines, pour 1,200 livres, à M. Pierre Brillet de Loiré, alors baron de Candé, par son acquisition de la dite baronnie de M. Scepeaux, marquis de Beaupreau, en 1773.

2. — L'évêque d'Angers, Henri Arnaud, a été commendataire de Saint-Nicolas d'Angers ; c'est pourquoi il donna le prieuré de Saint-Nicolas de Candé à son neveu.

3. — L'abbé de Saint-Nicolas d'Angers présentait la cure de Candé et l'abbaye.

4. — Non loin de l'Aubriais, en la commune de Freigné, il y avait autrefois une ferme nommée Saint-Nicolas, dépendant de la dite abbaye et qui fut détruite par vétusté. Les terrains sur lesquels elle était située conservèrent le nom de champs de Saint-Nicolas, et, vers 1860, M. Clovis de Candé vendit ces terrains au sieur Boireau, qui y a fait bâtir une petite ferme, à laquelle, sans le savoir, il a donné le nom de Saint-Nicolas.

5. — Noms de quelques prieurs : Jean Chandoreault, en 1569 ; Daniel Bignon, 1650 ; Louis Lemore, chanoine du Mans, 1651 ; Arnaud, neveu de l'évêque, 1660 ; Jean Colliot, 1781.

6. — Saint-Nicolas de Candé possédait la ferme de la métairie de la Potherie. *(Aveu de la Potherie.)*

7. — 1660. Le dimanche 25 janvier, M. Antoine Arnaud, clerc tonsuré, neveu de Messire Henri Arnaud, évêque d'Angers, a fait prendre possession du prieuré de Saint-Nicolas de Candé par le secrétaire du dit évêché.

8. — En cette année, l'on a recouvert l'église et clocher de Saint-Nicolas de Candé, fait renfoncer le

clocher de terrasse où la voûte était rompue d'antiquité ; on a fait rompre les autels des deux chapelles, qui étaient sous de petites voûtes hors de l'église, fait refaire les piliers par dehors des dites chapelles, qui étaient rompues : le tout a été raccommodé par Pierre Rivrais, couvreur, lequel a eu 120 livres de Messire Antoine Arnaud, prieur dudit Saint-Nicolas. Ce n'est pas ce dernier qui l'a fait réparer, c'est celui qui lui a donné ledit prieuré qui avait marchandé avant.

9. — Au commencement de cette année, le messager d'Angers s'est séparé à deux fois la semaine : le mercredi au soir, celui de Rennes vient aussi loger au dit Candé, pour aller à Angers, et ils logent tous deux à l'Écu de Bretagne, du dit Candé.

PONTRON (ABBAYE)

L'abbaye cistercienne du Louroux, près Vernantes, en Anjou, envoya, en 1134, plusieurs de ses moines, sous la conduite de l'abbé Foulques, prendre possession du monastère de Pontron, construit récemment sur la paroisse du Louroux-Béconnais, et fondé, le 13 septembre 1121, par le comte Foulques V, duc d'Anjou. Le monastère s'appela d'abord « Pont d'Octran », du nom d'un voleur qui, dit-on, avait pris le pays du Louroux pour théâtre de ses exploits. Quelques années après sa fondation, lors de la prédication de la seconde croisade par saint Bernard, les seigneurs de Candé, d'Ancenis, d'Oudon, de la Tour-Landry, de Bourmont et plusieurs autres des frontières de l'Anjou et de la Bretagne, qui vinrent se croiser à l'abbaye de Pontron, donnèrent à l'abbé des droits féodaux et des métairies sous la règle de Cîteaux.

La très belle forêt de Pontron, joignant au nord l'étang de la Clémencière, avait été semée par les moines et vendue par le gouvernement, en 1818, pour 400,000 fr. Je suis allé dans cette forêt en 1825, le jeudi de Pâques, premier jour de mon apprentissage comme menuisier, rassembler des planches de chêne, dont a été fait le parquet de la grande salle de la Saulaie.

L'abbaye de Pontron était puissamment riche, d'où vient le proverbe : « De quelque côté qu'il vente, les moines de Pontron rentent. »

L'abbaye royale de Pontron, en 1779, se composait encore de sept moines, dont les signatures existent encore en un aveu au seigneur de la Potherie, pour une ferme sur la paroisse du Bourg-d'Iré : Don Joseph-Louis Joly, prieur ; don Denis Virol, aîné ; don Joseph Virol, cadet ; don Claude Besson, procureur ; don Pierre Pequinot, grennetier ; don Alexis Salneuf, prêtre religieux, et don Quartier, vicaire de la paroisse. Ce dernier mourut le 2 février 1808.

M. de Robineau acheta, en 1791, le monastère et les fermes pour 370,000 fr. ; la forêt fut réservée par l'État. Lorsque le propriétaire en prit possession, il n'y avait plus que quatre moines ; ils prêtèrent serment et furent invités par le nouveau maître à se considérer toujours comme en leur propre domaine : ils n'y furent jamais inquiétés. Deux religieux moururent avant le Concordat, le prieur Péquinot y restait seul.

Mme de Robineau n'abandonna point le P. Péquinot, qui restait le dernier, et, lorsque son mari mourut, elle laissa la Burelière et Pontron à ses deux fils et vint demeurer à Candé, dans la maison Guibourg, rue du Jeu-de-Paume, et y amena don Péquinot, pendant le temps qu'elle resta à Candé. (J'étais jeune à l'époque, je lui ai souvent servi la messe.) Lorsqu'elle quitta Candé pour aller habiter Nantes, il retourna à Pontron et, de là, M. de Robineau, qui habitait Pontron, le plaça au Louroux, où il est mort le 27 novembre 1818, âgé de 76 ans.

En 1132, Foulques, abbé de Pontron, envoya deux de ses moines à Meilleraye et aux environs pour tâcher de trouver un emplacement pour y établir une colonie. Ils s'adressèrent au seigneur du lieu, nommé Alain de Moisdon, qui acquiesça à leur demande, et leur donna la terre où est construite aujourd'hui cette abbaye célèbre. La prise de possession date de 1142 ; l'église ne fut achevée qu'en 1183, et le bâtiment actuel n'a été construit qu'au XVIIIe siècle.

L'abbaye de Pontron avait créé beaucoup de fêtes, les marchands avaient fini par s'y installer. Les portes restaient ouvertes à tout venant, si bien que ces réunions étaient devenues semblables aux assemblées de la Saint-Jean à Candé.

Vers 1840, après la mort du propriétaire de Pontron, M. de Robineau, le député, un de ses héritiers, M. de la Moricière, fit démolir le monastère pour y établir deux fermes.

FAMILLE AUBRY, DE LA CORNUAILLE

Le 5 novembre 1776, a eu lieu le mariage de M. Jean-Baptiste Aubry, procureur fiscal de la ville et baronnie de Candé, avec Perrine-Marguerite Charlet, célébré par le R. P. Christophe Aubry, religieux cordelier d'Ancenis.

CARMES DE CHALLAIN-LA-POTHERIE

Le mercredi 29 avril 1615, Messire Christophe Fouquet, seigneur de Challain, président au parlement de Bretagne, mit la première pierre de l'église et monastère qu'il a fait bâtir auprès de son château de Challain, pour les moines carmes. Élisabeth Barin, sa femme, mit la 2e ; Charles Fouquet, leur fils, la 3e ; M. Hiret, curé, la 4e, et frère Pierre Behouet, docteur et carme, la 5e, ce qui fut fait après avoir chanté le

Veni, Creator, le psaume *Nisi Dominus custodierit civitatem.* Après les pierres mises ainsi, dit Hiret, nous fîmes la bénédiction sur place de ladite église. (*Valuche, Jacques.*)

Christophe Fouquet, chevalier, seigneur de Challain et de Roche-d'Iré, président au parlement de Bretagne, au lieu de faire construire son château comme il le projetait, établit tout auprès une maison de l'ordre, dont la première pierre fut posée le mercredi 29 avril 1614.

L'abbesse de Nyoiseau, Françoise Roy, fit à ses frais construire le cloître et le grand autel ; Thibault, Philippe, sous-prieur à Rennes, eut la joie de fonder l'établissement nouveau de Challain, ouvert en 1617.

Christophe Fouquet le dota de trois métairies, probablement la Motte, la Gaignardais et la Rintière, et, depuis, les religieux ont bâti peu à peu et acquis d'autres héritages.

Le jeudi 20 juillet 1628, le corps de Christophe Fouquet, seigneur de Challain, président à Rennes, qui était décédé à Paris au mois de juin, est passé à Candé pour être enterré à Challain aux Carmes ; il y avait environ soixante-dix propriétaires ou religieux à sa sépulture.

M. Hiret, curé de la Potherie, a béni une croix de pierre, qui existe encore, plantée dans le pâtis de la Petite-Haie, le 25 avril 1655, en grande solennité, et ce à la suite d'une contagion.

Le dernier des moines, Baudouin, Alexandre, prêtre du diocèse d'Angers, était resté aux Carmes et y faisait l'école ; il fut arrêté, conduit à Craon, et fusillé comme brigand, le 6 thermidor an II (24 juillet 1794).

En 1793, lors de la Révolution, la terre, le couvent des Carmes et les fermes, furent vendus nationalement à M. Maunoir, et, dans le partage entre ses enfants, les Carmes sont échus à M. et Mme Jounault, et l'abbaye a été revendue à Mme la comtesse de la Rochefoucauld.

La cure de Challain était à la présentation de l'abbesse de Nyoiseau.

La Martinaye, de 1553 à 1638, était une seigneurie qui avait dans sa mouvance et tenure : la Roirie, les Hautes-Places, le bois de la Rondaye, la Bodinière, la Doucinière, le gué de la Favrie et la Paupinotière.

Aujourd'hui, la Martinaye dépend du château de la Potherie.

CHATEAU DE LA POTHERIE

Le plus ancien seigneur de Candé, Challain et Rochediré était Isabeau de Thouars, vers l'an 1100.

En 1220, Guillaume de Thouars était seigneur de Candé, Challain et Rochediré.

En 1225 ou 1230, Guillaume de Thouars, baron

de Candé, seigneur de Challain et de Chanveau, épousa Élisabeth, fille de Guillaume, seigneur de la Guerche.

En l'an 1428, Robert de Dinan, baron de Châteaubriant, donna l'église et presbytère de Notre-Dame de Challain à l'abbesse et religieuse de Nyoiseau. Ce Robert de Dinan se rendit dans ce même temps cordelier au monastère de cet ordre, dans la forêt de Teillé, près de Châteaubriant.

Théandre de Chateaubriand, chevalier, a été seigneur de Challain vers 1450. Il était marié à Françoise-Edouarde. (Bibliothèque d'Angers, n° 921.)

En 1400, Cupif (famille) prétendait descendre de Jacques Cupif, Ecossais de la garde du roi, qui s'était retiré à Candé, à la mort de Charles VII ; elle s'est éteinte dans la famille Leroy de la Potherie, après avoir fourni de nombreux magistrats à l'Anjou et quatre maires à Angers ; elle portait d'azur au chevron d'or, accompagné de trois trèfles de même 1er et 2e.

Christophe Cupif, sieur d'Aussigné, président à l'élection d'Angers en 1627, fut nommé maire le 20 avril 1655 et fit reconstruire les grands ponts.

Nicolas Cupif, sieur de Teildras, conseiller au présidial d'Angers, fut élu maire le 1er mai 1669 et continué pour deux ans ; on lui doit la place qui porte son nom. La devise ou jeton de sa dernière mairie rend témoignage à son activité : *Labori reddita merces.* Il mourut à sa terre de Teildras, âgé de

65 ans, le 30 septembre 1687, et fut inhumé le lendemain dans l'église de Cheffes. Je possède un jeton de lui.

La terre de la Potherie fut vendue par la veuve de Scepeaux, le 26 mai 1582, à Messire Christophe Fouquet, président du parlement de Rennes, chevalier, seigneur de Challain et de Rochediré, mort à Paris en juin 1628. Quelques mois après sa mort, sa femme mourut, et ils ont été rapportés aux Carmes de Challain-la-Potherie.

En 1708, vivait Bernardin Fouquet, comte de Challain, dont la veuve, Catherine Desmos, était donataire, en 1722, et de laquelle acquit ou hérita Urbain Leroy, seigneur de la Potherie, mari de Catherine Cupif.

Dans l'*Armorial de Bretagne* de 1669, on trouve les armes de la Rochefoucauld, seigneurs et comtes : « Burelé d'argent et d'azur de dix pièces et trois che-« vrons brisés de gueules sur le tout. »

En 1700, au siècle de Louis XIV, les femmes avaient pris un tel ascendant à la cour, que le duc de la Rochefoucauld lui-même avouait, dans des vers restés célèbres, l'empire exercé sur sa conduite par Mme de Longueville, surnommée la belle aux yeux de turquoise :

> Pour mériter son cœur, pour plaire à ses beaux yeux,
> J'ai fait la guerre aux rois, je l'aurais faite aux dieux.

On trouve dans la tutelle des mineurs de Bourmont, des 5 et 7 janvier 1772, appelé comme témoin, M. Jacques-Louis de la Rochefoucauld-Bayers, demeurant au château du Plessis-Landry, paroisse de la Motte-Achard, parent au deuxième degré paternel, lequel était représenté, en vertu de sa procuration, donnée à M. Alexis-Antoine Charlery de la Guibretais, commandant de la garde nationale de Candé.

Arrêté préfectoral du 23 janvier 1826, rendu sur la demande de M. le comte Louis Leroy de la Potherie, député, qui nomme le bourg de Challain la Potherie; en 1834 et 1835, le conseil municipal a demandé l'autorisation de reprendre le nom de Challain, ou tout au moins de Challain-la-Potherie.

En 1752, dîmes du comté de la Potherie, ci-devant Challain.

Item, j'ai droit de dîmes sur toutes les terres du lieu du bas Coherne, fors sur les anciens jardins où mon curé prend la dîme.

Item, en l'enclos de vignes de la Maussionnaie, je prends le dîmage au tiers.

Item, les planches de vignes des Aulnais et de Bellanger, le tout étant au grand dîmage.

Item, tout le haut de la vigne et buissons de la Chapellière, contenant environ six boisselées.

Une grande partie des coteaux de la paroisse de Challain, autrefois, étaient en vignes ; aussi est-il dit, dans l'aveu, que le curé de Challain avait droit de venir, lorsque les vins étaient arrivés au château, et d'en choisir une pipe.

Item, lorsque mes bleds de ma dite dîme sont battus, qu'ils se portent dans mes greniers, mon curé a accoutumé de venir quérir un septier de bled qui lui en est donné.

Mgr DE LA MOTTE, SEIGNEUR DES AULNAIS

Le seigneur de la Motte me doit chacun an, à la fête de Noël, moi ou ma femme étant en personne au dit lieu de Challain, le service qui s'en suit, c'est à savoir : la veille de la dite fête de Noël, il me doit servir et fournir de quatre flambeaux de cire et me mener à la messe de minuit avec deux torches ardentes, dont il est tenu fournir à ses dépens, et me ramener à mon hôtel et, pareillement, me doit servir, le jour de Noël, à dîner et à souper, comme dessus est dit ; et aussi m'accompagner le jour de la dite fête à aller et venir à la messe et à vespres ; desquels services je confesse fort devoir lesdit quatre flambeaux et prétends, à cause de ce, avoir la vaisselle et linge dont ma dite femme et moi sommes servi la veille de la dite fête au dîner.

QUINTAINE A LA POTHERIE

J'ai droit de quintaine, c'est à savoir que chacun des nouveaux mariés, en ma dite châtellenie, doivent frapper la quintaine par terre, à cheval, contre un écu de bois sur bout et, s'ils ne frappent la dite quintaine et ne rompent leur bois à l'une des trois courses de cheval, que sont tenus de faire chacuns des dits nouveaux mariés, et au défaut qu'ils feraient de rompre leur bois, me sont tenus payer le nombre de six boisseaux d'avoyné menue à ma mesure de Challain et aux regards de mes sujets de ma dite ville, les nouveaux mariés me doivent chacun deux esteufs et une baguette pour iceux frapper et jouer et les femmes me doivent chacune une chanson, un chapeau de roses et un baiser à moi, ou à mon châtelain ou commis. Et doivent les nouveaux mariés de la ville de Challain et autres officiers, le jour des dites quintaines, un jallais de vin, deux couples de pains et un quartier de mouton.

BOUCHERS, CORPORATION

Idem, j'ai droit de boucherie jurée en ma dite ville, les bouchers sont tenus de me payer chacun an, à mon provot, un quartier de mouton, et doit le voyer de ma dite ville aux dits bouchers, le jour de carême prenant, à chacun une anguille pour la pièce de mouton.

Les branchiers ont droit de lever et recevoir, aux fins et limites de ma dite châtellenie, des marchands passant et repassant, conduisant marchandises quelles qu'elles soient, savoir : est pour charge de cheval un denier, pour charge de charrette deux deniers, pour bœufs un denier, pour vache une maille, pour une douzaine de brebis 2 deniers, pour porc un denier, pour gore femelle une maille, pour étalage un denier, pour la première charge d'alose une alose, pour la charge de fromage un fromage, et deux deniers que j'ai droit de prendre sur chacune des autres charges d'aloses ou fromages qui passent et repassent tout le long de l'année après les premières charges. *(Aveu du 4 avril 1551.)*

Observations recueillies au folio 48 du *Bulletin historique d'Anjou,* de 1859-1860, qui s'exprime ainsi : « A Challain, le jour de la Pentecôte, la corporation des bouchers de Challain se rendait en grande pompe chez le seigneur du lieu pour lui offrir une pire ornée de lauriers. Le seigneur faisait rafraîchir les bouchers et les congédiait en leur annonçant que, l'année suivante, il répondrait à leur politesse en leur envoyant son présent.

« Le mercredi des Cendres de chaque année, le seigneur de Challain réunissait dans son parc tous ses vassaux, en habits de fête ; à un signal donné, ils se mettaient en marche, deux à deux, précédés de la bannière du seigneur. Au milieu du cortège, quatre des plus jeunes vassaux portaient sur leurs épaules un brancard, orné de verdure, sur lequel était placée une anguille.

« Arrivé devant la demeure du chef des syndics de la boucherie de Challain, le plus ancien des vassaux prenait le plat où était déposée l'anguille et la remettait, au nom de son seigneur, au doyen des maîtres bouchers. Cette anguille devait occuper la place d'honneur dans le repas que prenaient, ce jour-là, en commun, les bouchers de Challain. » (Archives de Challain.)

LOUIS LEROY DE LA POTHERIE

Procès-verbal des séances de l'ordre de la Noblesse des sénéchaussées d'Angers, etc. Louis Leroy de la Potherie, seigneur du Bourgdiré et de la Potherie, et procureur de Jeanne-Françoise Menage, veuve de Louis Leroy de la Potherie.

M. Leroy de la Potherie, alors officier du régiment du roi, fut, quoique bien jeune encore, décoré de la croix de Saint-Louis pour sa belle conduite au milieu de l'insurrection de Nancy, en 1789. Il fit ensuite toutes les campagnes de l'Émigration ; mais, rentré en France en 1801, il y vécut dans la retraite et refusa absolument de reprendre du service, malgré les menaces dont on voulait l'effrayer. A la Restauration, il devint colonel du 3e régiment de la garde royale, puis fut retraité avec le grade de maréchal de camp. Il fut élu, en 1824, député du département de Maine-et-Loire, et siégea à la chambre jusqu'en 1830, ayant été successivement réélu. A la révolution de Juillet, il fut déclaré démissionnaire pour cause de refus de serment. Le roi l'avait nommé, en 1829, commandeur de l'ordre de Saint-Louis ; il avait déjà été décoré du grand cordon de l'ordre de Saint-Ferdinand d'Espagne, à la suite de la campagne de 1823. Il mourut en 1847, à l'âge de 85 ans. *(Revue d'Anjou,* année 1866, folio 104.)

GÉNÉALOGIE DES LEROY DE LA POTHERIE

1° Messire Louis Leroy, chevallier, comte de la Potherie et de Saint-Louis, du Tremblais, mari de dame Jeanne-Françoise Ménage, décédée le ,

2° Louis Leroy, comte de la Potherie, mari de Louise-Thérèse Poulain de la Marsolais, mort à Paris le 18 janvier 1847,

Ont laissé deux enfants : M. Leroy de la Potherie, mort à Paris dans un duel, et dame Louise-Ida Leroy de la Potherie, laquelle a épousé M. le comte François-Denis-Henri-Albert de la Rochefoucauld-Bayers, décédé à la Potherie, le 6 janvier 1854. C'est lui qui a fait construire le superbe château actuel. Ils ont eu deux enfants : M. le comte Henri de la Rochefoucauld et Mlle Marie, décédée à Paris il y a quelques années. Mme la comtesse de la Rochefoucauld est décédée à son château de Soucelle, le 2 août

1884, âgée de 75 ans, et a été inhumée à Paris, dans l'enfeu de famille.

AVEU DE LA POTHERIE

Perrine Derouet est ma femme de foi simple à cause de son lieu de la Gaudinière et m'en doit une paire d'éperon doré à toute nuance d'homme.

Pierre Pinson, pour le fief de la Pinchonnaie, doit trente-deux sols et trente-deux boisseaux d'avoine.

Le seigneur de la Grée, au lieu de feu Pierre Cezillé, pour le porche Salligot, doit un chapon, etc.

CHATEAU DES AULNAIES, EN CHALLAIN-LA-POTHERIE

Mathurin de la Motte, écuyer, était seigneur, en 1529, des Aulnaies-de-Challain. En 1597, Gabriel de Beauveau obtint du seigneur de Challain l'autorisation de fortifier la maison par douves et ponts-levis ; jusqu'alors, elle était simplement close de fossés, avec ses cours et sa grange. C'est un manoir seigneurial fermé de douves et pont-levis.

Le 2 septembre 1659, l'évêque d'Angers, Henri Arnauld, revenant d'Ingrandes et de Candé, s'y arrêta pour passer la nuit. Le château a été incendié plusieurs fois, il n'en subsiste plus que quelques portions de murs couverts de lierre. La chapelle, fondée le 12 janvier 1506, en l'honneur de saint Mathurin et de sainte Barbe, par Charles de la Motte, est encore debout et sert de grange.

FABRICATION DE CHAUX AUX AULNAIES

Il existe un dépôt de molasse coquillière; on y a creusé, vers 1862, un canal de trois à quatre pieds de profondeur sur un kilomètre de longueur, pour épuiser l'étang et en faciliter l'exploitation, qui avait été entreprise par MM. de la Brosse, qui exploitaient en même temps les fours à chaux de la Veurrière, en la commune d'Angrie.

ŒUFS ANTÉDILUVIENS

Pendant l'exploitation, on a trouvé, au fond de la carrière, à environ douze mètres de profondeur, sur le schiste, sous la première couche de calcaire, un nid d'oiseau avec 4 œufs, le tout pétrifié. Nous laissons aux antiquaires l'honneur de trouver l'âge de ces œufs.

M. René de l'Esperonnière, aussitôt la mort de sa mère, qui était une demoiselle du Buat, se trouvant propriétaire de la terre des Aulnaies, fit cesser la fabrication de la chaux. La carrière, qui s'épuisait, a été transformée en un étang (1876).

Par un aveu de 1783, le seigneur des Aulnaies

devait aux seigneurs de la Potherie six couples de chiens à poils, rendus au château, et confesse avoir droit de pont-levis et forteresse et prendre la dîme des bleds, vins, froment, orge, etc., droit de mesure à bled et à vin ; et, en outre, à la vigile de Noël, toutes fois que vous ou Madame votre épouse serez à votre château de la Potherie, le service de deux flambeaux de cire à l'heure dudîner, pesant chacun un quarteron.

BOURG ET CHATEAU D'ANGRIE

Angrie, canton de Candé (*Cartulaire du Ronceraïs*). Une partie du village de la grée Saint-Jean, l'emplacement de l'hôpital actuel, ont fait partie de la commune d'Angrie jusqu'en 1837. De vastes landes ou grées, en partie défrichées aujourd'hui, partout où le schiste n'affleurait pas le sol, se couvraient de plantes agrestes, principalement de *serpolet*, et nourrissaient une race de lapins renommée pour le goût, si bien que nos anciens rois s'en faisaient fête ; mais la réputation de ces lapins se perd à mesure que la culture s'améliore. Les seigneurs d'Angrie devaient au château de Candé un épervier de service à toutes nuances.

Mlle Élizabeth-Louise Turpin de Crissé apporta la terre d'Angrie, par mariage, le 25 octobre 1825, à M. Charles-Louis-Arthur d'Adhémar, comte de Lostanges, décédé au château d'Angrie, le 3 décembre 1856, âgé de 66 ans. Il a été inhumé dans le cimetière, à côté de M. Charles Turpin de Crissé, son beau-père, mort le 26 juillet 1840, âgé de 62 ans, et demoiselle Félicité Turpin de Crissé, morte en odeur de sainteté, le 20 juillet 1853, âgée de 78 ans, bienfaitrice des pauvres de la paroisse.

Le château a été reconstruit à neuf en 1850 par l'architecte Hodé. On y a conservé les douves, l'arche en pierre des anciens ponts-levis et, à chaque angle, les bases des vieilles tours de défense. Dans le courant du travail, il s'y est tué quatre ouvriers.

Aucune voie romaine n'a été signalée dans l'intérieur de la commune ; cependant une voie romaine, venant d'Angers, suivait la rive de l'Erdre, au nord ; l'arche voûtée qu'on trouve encore au gué d'Availlé me semble bien de ce temps-là.

Le bourg n'a guère d'histoire, quoiqu'il ait vu passer maintes fois les bandes et les compagnies et se soit trouvé en plein courant dans les guerres bretonnes et anglaises, dont le souvenir populaire n'est pas perdu et désigne encore le camp sous le nom de Butte-aux-Anglais.

En 1602, le pays est de nouveau dévasté par les loups, qui font rage, surtout en la paroisse d'Angrie. En 1616, son isolement le protégea contre les pillards de l'armée de Vendôme et offrit un refuge aux habitants de Candé.

En 1631, la contagion était signalée sur la paroisse, dans la dernière quinzaine de septembre ; elle durait encore en février 1632. Elle est revenue en octobre 1638. Au village des Erdres, on enterrait les morts dans les jardins. Le curé célébra le service dans la chapelle de l'hôpital de Saint-Jean, près Candé, ou à la Gâchetière. Tout le bourg était abandonné par les habitants, pour n'y revenir que le mercredi de la semaine sainte. On compta encore onze décès en mars, un seul en mai.

Avant les Turpin de Crissé, le château d'Angrie, ainsi que la seigneurie des Essards, appartenait à la famille d'Andigné.

Une quittance datée de Damiette, au mois de novembre 1249, porte que Guillaume d'Andigné, chevalier, emprunta quarante-cinq livres tournois, sous la garantie d'Alphonse, comte de Poitiers, frère de saint Louis, pour subvenir aux frais de son voyage en Terre-Sainte, à la suite de ce prince.

La maison d'Andigné, l'une des plus anciennes de la province d'Anjou, est connue depuis le XIe siècle. A chaque période de notre histoire, on voit des d'Andigné figurer avec honneur.

A la bataille soutenue contre les Anglais par la noblesse d'Anjou et du Maine, en 1441, au Bourgneuf-Saint-Quentin, nous voyons, dans la liste des gentilshommes qui assistèrent à ce combat, Geoffroi d'Andigné, seigneur d'Angrie. René d'Andigné est signalé par les chroniqueurs comme un des plus excellents soldats de l'armée du duc de Mercœur.

Dans le récit des guerres du Languedoc et du Dauphiné, depuis 1625 jusqu'en 1628, Christophe d'Andigné, sieur des Essarts, est cité comme un des plus vaillants soldats du maréchal de Brezé. A la bataille d'Avein, on trouve trois d'Andigné dans l'armée commandée par le maréchal de Brezé.

Au siège d'Armentières, en 1647, Jacques de Rougé, gouverneur de la place, avait sous ses ordres le régiment de Brezé, composé en grande partie d'Angevins, qui y firent merveille et arrêtèrent une armée espagnole de vingt-cinq mille hommes durant trois semaines.

Parmi les gentilshommes mis à l'ordre du jour, on remarqua un d'Andigné. *(Bulletin d'Anjou, 1860.)*

En 1495, aveux rendus aux seigneurs d'Angrie, par Louis Cuissard et Prosper de Colasseau, pour la seigneurie des Essarts, portant déclaration pour les terres de la Gaudinière, de Montergon, la Malfouarsière, etc.

En 1655, Mlle du Périn, dame des Essarts, a fait bâtir une chapelle en sa maison des Essarts, dont on voit encore un pan de mur, et l'a dotée d'une fondation de 50 livres de rentes. Elle a donné la présentation à M. Simon Bellanger, curé d'Angrie, et M. André Colombeau en a été chapelain. *(Valuche, 78.)*

LA GACHETIÈRE (CHAPELLE)

Le mardi 11 mai 1632, la chapelle de la Gachetière, en Angrie, a été commencée ; le défunt François Aubert, tanneur, habitant dudit village, l'avait fondée par son testament. Messire Charles d'Andigné, seigneur d'Angrie, a mis la première pierre au milieu du pignon, vers amont ; Ambroise Pinard, veuve du dit Aubert, avec ses enfants, l'ont présentée à M. François Lefrançois, curé du dit Angrie, lequel curé et Pinard l'ont fait bâtir moitié par moitié, et Jean Moquehan de la Valuchère a fait faire le ballet sur la grande porte. *(Valuche, 1632.)*

LES DUCS D'ANJOU ET DE BRETAGNE A CANDÉ

En 1400, Jean V, duc de Bretagne, eut un fils naturel du nom de Tanguy. Il était capitaine de Hédé, et épousa Jeanne Turpin, fille d'Antoine Turpin, seigneur de Crissé. On dit qu'il fut fait un traité sur le pont de Saint-Denis de Candé, entre le duc de Bretagne et le duc d'Anjou, et que ce mariage y fut stipulé. Pour la sûreté des deux princes, il fut fait un treillis sur le pont, afin d'éviter les accidents qu'auraient pu causer les eaux de l'étang. C'est dom Morice, dans sa *Généalogie de la maison de Dreux*, qui fait mention de ce mariage.

LA GIRAUDAIE, COMMUNE DE LA CORNUAILLE

La Giraudaie, domaine dépendant anciennement de la terre de Bourmont, appartenait, en 1562, à Yves Fouchard et, en 1647, à François Fouchard. Il passa, par acquêt, vers la fin du XVIIe siècle, à la famille Gigault. Gilles Gigault le possédait en 1695, et honorable homme Joseph Gigault en 1717. Ce dernier mourut et fut inhumé le 15 avril 1776 aux Augustins de Candé. Sa petite fille, connue sous le nom de Mme de Volney, avait une fille issue de son premier mariage avec M. Besnard, Charles, receveur de l'enregistrement, à Candé, laquelle épousa M. Martin, propriétaire à Montélimart, en Anjou, avec lequel elle ne vécut jamais ou à peu près.

Mme de Volney, née Gigault, épousa en secondes noces M. Constantin-François Chassebœuf, nommé sous l'Empire comte de Volney et sénateur. Il était né à Craon, le 3 février 1757 ; il n'eut pas d'enfant et mourut à Paris le 25 avril 1820. Il était fils de Jacques-René Chassebœuf et de dame Jeanne Gigault; donc ils étaient cousins, et la preuve, c'est qu'il comparaît dans l'acte de licitation de la ferme de la Plairie, du 22 décembre 1780, devant la sénéchaussée de Candé, entre les familles Gigault, Bernier de la Touche, Garnier et Guibourd. Après la mort de son mari, Mme de Volney vendit la Giraudaie à M. le comte de Bruc, mari d'une demoiselle de Mieulle, lesquels y ont élevé un élégant château moderne, qui se présente en pleine façade, à 200 mètres de la route, sur deux étages, avec un rang de lucarnes en couronnement.

M. de Volney, à la rentrée des Bourbons en France, vint demeurer à la Giraudaie. Il était très lié avec M. Michelon, maire de Candé, et aurait désiré faire quelque chose d'utile pour Candé. Il voulut d'abord planter des arbres dans tout le plafond de la grée Saint-Jean, aujourd'hui couvert de maisons ; il en fut empêché par les administrateurs de l'hospice, propriétaire du dit terrain. A Pisoison, sur la route d'Ingrandes, il y avait, au midi de la chaussée, près le ruisseau qui vient de la Saulaie, une petite fontaine dont l'eau etait un peu minérale. M. de Volney se proposa d'y faire un petit établissement de bains ; mais M. de l'Esperonnière s'y opppsa, en qualité de propriétaire. Ensuite il entreprit de dresser un chemin au midi de la grée Saint-Jacques, pour favoriser la route de Châteaubriant, et commença à faire bêcher le rocher au midi de l'ancien séchoir à briques, ce qu'on voit encore aujourd'hui en montant la grée ; cette entreprise fut encore abandonnée, on ne sait pourquoi. En définitif, MM. de Volney et Michelon, maire de Candé, s'entendirent et occupèrent un journalier à l'année, pour dresser les rues partout où le rocher gênait, et cela ne manquait pas à Candé. Nous citerons entre autres, à Beaulieu, devant chez M. Gaudin, toute la rue du Puits-Racault, sur le champ de foire aux chevaux.

LA VECTAIE

En 1572, une des fermes de la Vectaie appartenait à l'aumônier de l'hospice Saint-Jean de Candé. Il existait une vieille émonde de chêne, à l'endroit où est actuellement la chapelle, dans laquelle il avait été mis une image de la Vierge, en 1627. Cette émonde étant tombée de vétusté, cette image fut recueillie par Renée Girard, veuve Prioleau, la fermière, et déposée sous un arceau en pierre, construit à ses frais. On y venait de trois et quatre lieues à la ronde en pèlerinage, notamment pour guérir la fièvre. *(Valuche, 8.)*

Un jour, M. Baugé, curé de Candé, donna à Mme de Volney une image de la Vierge, pour la mettre dans la chapelle de la Vectaie, reconstruite depuis plusieurs années. Cette statuette était venue de Beaulieu : elle a une couronne sur la tête, tient l'Enfant-Dieu sur le bras droit et est ceinte d'une ceinture avec agrafe. Mme de Volney pria une vieille fille de Candé, nommée Marie Coussée, de la lui porter à la Giraudaie. Il tombait de la pluie. Arrivée chez elle, Mme de Volney était mouillée, celle qui portait la Vierge n'avait pas reçu une goutte d'eau. (Raconté par les dames Gelineau.)

La chapelle de la Vectaie est un lieu de pèlerinage cher aux habitants de Candé et des communes environnantes.

CHATEAU DE VALLIÈRES, COMMUNE DE LOIRÉ

Vallières, 1789, ancien fief et seigneurie avec manoir noble, entre l'ancien grand chemin d'Angers à Challain et la rivière d'Argos, sur laquelle se trouvait un moulin à eau en dépendant. La terre appartenait, dès le XVe siècle, à la famille Hellaud, représentée par Jacques Hellaud et Étiennette Lechat, son épouse. La terre se transmit dans leur descendance jusqu'à la Révolution et passa ensuite à M. Demaulne, dont une des filles épousa M. de Rochebouët. Le fils de ce dernier, le général comte de Rochebouët, en est aujourd'hui propriétaire. (*C. Port, 652.*)

Charles-François de Hellaud était seigneur de Vallières et de Roche-d'Iré, paroisse de Loiré. (*Noblesse d'Anjou, 1789, page 11.*)

Le général de Rochebouët a laissé Vallières à Mlle de Rochebouët, sa fille unique, laquelle a épousé M. de Robineau de la Burelière, arrière-petit-fils de Louise-Antoinette-Marie-Michelle de l'Esperonnière, qui était fille de M. Jacques-Thomas de l'Esperonnière et de dame Louise-Marie-Françoise Robineau de la Rochequerrie.

LE MESNIL, EN LA POTHERIE

M. de Villemorge du Mesnil, en la Potherie

Le Mesnil, ancienne seigneurie, avec château et chapelle, laquelle fut reconstruite en 1770.

Les familles Brillet du Gué de Loiré et de Villemorge ont fait leur résidence au Menil, depuis le XVIIe siècle jusqu'à la fin du XVIIIe siècle. C'était là que naissaient et mouraient les seigneurs.

M. Brillet de Villemorge (Prégent), né à Angers le 9 novembre 1770, était page du prince de Condé en 1783. Sous-lieutenant de remplacement au régiment du colonel-général d'infanterie le 21 mai 1786, sous-lieutenant en titre en 1788, il émigra en 1791 avec trente-quatre officiers du corps, fit la campagne des Princes en 1792, puis passa à l'armée de Condé, de 1792 à 1797. De retour dès l'an VIII (1800), il fut amnistié le 27 vendémiaire an XI, nommé maire de Challain-la-Potherie en 1818, et, le 28 août de la même année, membre du Conseil général du département. D'Autichamp, en 1815, l'attacha comme chef d'état-major à l'armée d'Anjou. La paix rétablie, un décret du 19 décembre 1815 appela M. de Villemorge à la mairie d'Angers, dont il prit possession seulement le 29 janvier 1816. C'est sous son administration que la ville commença à se transformer. Elle lui doit la Cour Royale, dès lors menacée de suppression ; la translation de la mairie dans l'ancien collège d'Anjou (1820) ; la salle de spectacle (1821), incendiée en 1865 ; l'ouverture de la rue des Lices (1815); la création des boulevards qui la relient à l'hôtel de ville ; le dégagement du Champ-de-Mars et la poissonnerie. Mais l'effervescence politique qui travaillait toutes les têtes, les passions, les élections, la révolution de 1830, le firent se démettre des fonctions municipales, qu'il laissa entre les mains d'une administration provisoire.

M. Amédée de Villemorge, fils du précédent, maire de Challain-la-Potherie de 1842 à 1848, conseiller général en 1852, mourut en mai 1857, à la Potherie. On lui doit la réorganisation du Comice agricole de Candé. (*C. Port.*)

M. Charles-Clovis Brillet, seigneur de Candé et de Chanveau, fut nommé, en 1773, procureur de Pierre-Clovis Brillet de Loiré et de Jacques-Prégent Brillet de Villemorge, seigneur du Mesnil, chevalier de l'ordre de Saint-Louis. (*Bulletin d'Anjou.*)

On lit dans un aveu : Messire Prosper-François-Anne Brillet, chevalier, seigneur du Mesnil et de la Revachère de la Potherie.

Un autre aveu dit : Messire Prosper Brillet de Villemorge, chevalier, seigneur du Mesnil et autres lieux.

VILLEGONTIER, EN LA CORNUAILLE, PRÈS CANDÉ

Château avec parc entouré de murs, eaux vives, bois, six métairies et un moulin à vent, ancienne terre noble, dont était sieur Jacques de la Marqueraie, en 1681. La terre fut vendue judiciairement et adjugée à Charles Duchemin, receveur au grenier à sel de Candé, le 7 janvier. Mais le créancier poursuivant fit rompre la vente, comme faite à vil prix et une enchère nouvelle l'attribue, en février, à Antoine-Franc Simon, sieur de la Lucière, commune de Vern. René Simon y résidait en 1789. (*C. Port, 727.*)

Le jeudi 22 février 1657, le corps de noble homme Simon, garçon, seigneur de la Benardais, en la paroisse de Vern, a été trouvé noyé en la rivière de l'Erdre, auprès de Bonnœuvre. On l'a apporté pour passer la nuit dans l'église de Beaulieu et, le lendemain, M. le curé de Candé l'a conduit, par Candé, jusqu'à Saint-Jean, d'où Mme de la Lucière, sa mère, l'a fait conduire jusqu'audit Vern, pour y faire sa sépulture. Ils l'ont mené dans un charriot de la Saulaie, et le seigneur est allé à la sépulture, comme étant son cousin issu de germains.

Les sergents féodés avaient le septième denier dans la recette des lieux où leur office les attachait. Cet emploi était très considérable, et n'était exercé que par la noblesse, dans les premiers temps. Quelques nobles voulurent, dans la suite, s'exempter des peines inséparables de cette charge; ils la firent dès lors exercer par des gens de néant, à qui ils donnaient quelque modique salaire. Mais les ducs s'opposèrent à cet abus, qui allait à l'oppression du peuple, et ordonnèrent que les sergents féodés feraient leur office en personne.

Les vicaires, les voyers, les prêteurs et les prévôts, étaient des officiers établis pour veiller à la sûreté des villes et pour y rendre la justice. Les seigneurs en avaient, ainsi que les ducs, et ces offices étaient ordinairement exercés par des chevaliers.

Ces charges étaient héréditaires ; ainsi, pour Candé, c'étaient les sieurs de Villegontier qui étaient sergents féodés de la baronnie de Candé.

Les patenôtres. Il avait été, autrefois, fondé, à Candé, une rente dont on ne connaît pas l'origine et qu'on nommait les patenôtres : c'était la famille de la Benardais, qui était chargée de l'exécution. En conséquence, tous les ans, la nuit de Noël, vers minuit, pendant la messe, on chargeait un homme, qu'on nommait le crieur de nuit, qui parcourait les rues en criant dans chaque carrefour : Réveillez-vous, gens qui dormez, priez pour le roi, pour la reine, pour Mgr le Dauphin et pour Mme la duchesse de la Tour-Landry.

Cette fondation semblait venir des seigneurs de Bourmont et existait encore en 1780.

En 1703, Messire Antoine Simon, écuyer, sieur de la Burelière et de Villegontier, époux de Silvie Varice, habitait Villegontier, où il est décédé le 27 avril 1748.

En 1765, le 29 mai, eut lieu la sépulture de Messire René-François Simon, chevalier, sieur de Villegontier et de la Burelière, âgé de soixante-neuf ans, en présence de dom Joly, prieur de Pontron, et du frère Dupont, prieur des Augustins.

La Hautalière, hameau, commune de la Cornuaille, ancien fief et seigneurie relevant de Villegontier et depuis le XVIe siècle, par dépié de fief, de la Burelière. En est sieur : Franç. Leroyer, 1641 ; noble homme Joseph Leroyer, président au grenier à sel de Candé, 1695, dont la fille épouse, le 22 février 1724, Méric de Freissinet, à Candé ; en 1727, noble homme François Leroyer, sieur de la Hautalière, ancien président au grenier à sel de Candé.

Sur la butte de la lande de la Hautalière, il a été trouvé, en janvier 1767, un lot de médailles carlovingiennes, dont une grande quantité est déposée au musée d'Angers.

DUEL ENTRE MM. DE LA LUCIÈRE, SIMON, ET LEROYER, FILS

Le 8 octobre 1685, le sieur de la Lucière, Simon, seigneur d'un fief dépendant de la maison de campagne proche Candé, étant allé à la chasse avec son valet, et ayant rencontré le fils de M. François Leroyer, avocat, avec son frère, âgé de dix-neuf ans, aussi seigneur d'un fief joignant celui de la Lucière, les uns et les autres, fort jaloux de la chasse, se demandèrent l'arme en s'approchant leurs fusils bandés. Le cadet Leroyer tira son coup sur le sieur de la Lucière, qu'il tua. Son valet, pour venger sur-le-champ la mort de son maître, tira aussi son coup sur ledit cadet Leroyer et le tua. Le sieur de la Lucière laissa sa veuve chargée de cinq enfants. Le 7 décembre, le fils de M. Leroyer, avocat, mari de la fille de M. de la Grange-Gault, aussi avocat, fut pendu par effigie et exposé au pilori le même jour, pour avoir tué le sieur de la Lucière, dans cet assassinat arrivé le 8 octobre dernier.

CHAPITRE III

Anciens seigneurs de Candé, faits historiques, du Moyen Age jusqu'à la Révolution.

En 1469, Louis XI, roi de France, avait été obligé de céder la Normandie à Charles, son frère. Il la lui reprit au bout de deux mois et le réduisit à aller chercher un asile chez le duc de Bretagne. Peu de temps après, désirant se raccommoder avec le roi, il fit si bien qu'il se contenta de la Guyenne, qu'il lui offrait. Les deux princes se trouvèrent à une entrevue qui eut lieu à Candé, sur le pont de Saint-Denis, situé sur les Mandies, qui séparent l'Anjou de la Bretagne. Dans toute la longueur du pont, les habitants avaient mis des feuillages, pour la sûreté des deux princes.

Le pont de Saint-Denis existe de toute antiquité, c'était le seul passage de Candé en Bretagne. Il est composé de trois arches garnies de deux éperons ou avant-becs, servant autrefois de chaussée, à laquelle étaient adossés deux moulins, dont un à tan et l'autre à drap. On trouve encore, en cet endroit, au fond de la rivière, des poutres ou pièces de bois. Ces mandies formaient un étang, servant de clôture à l'ancien château et à la ville de Candé, du côté de la Bretagne, et ce pont servait de passage à la voie romaine.

TESTAMENT LEPELLETIER

Je, François Lepelletier, paroissien de Candé, sain de pensée et de corps et entendement, par la grâce de Dieu, désire faire et accomplir le voyage de M. saint Jacques, avec l'aide de Dieu et de la Vierge Marie et du glorieux saint Jacques, considérant les grandes peines et dangers du chemin et passage tant par mer que par terre qu'il me faut passer et aussi d'autant la fragilité humaine et obit à la mort, laquelle est incertaine, fais et ordonne mon testament et dernière volonté de la manière qui s'ensuit :

Je recommande mon âme à Dieu, à la Vierge Marie, à M. saint Michel Archange, à M. saint Jacques, à M. saint Denis, à Mme sainte Barbe, à Mme sainte Marguerite et à tous les benoits saints et saintes du Paradis.

Et veux et ordonne mon corps être mis à la sépulture de notre sainte Église bien catoliquement, et si Dieu et la Vierge Marie et M. saint Jacques me donnent la grâce de faire et accomplir mondit voyage jusqu'à mon retour.

Je veux et ordonne être en sépulture en l'église de M. saint Denis, devant le crucifix, auprès mon feu père, et qu'il soit dit des messes au dit jour de mon obit ou le lendemain, etc., qu'il soit donné le pain de deux septiers de seigle pour aumône aux pauvres.

Item, je veux et ordonne qu'il soit dit et célébré en la dite église de Saint-Denis de Candé, par espace et jusqu'à treize ans, le nombre de treize messes par chacun an, au jour et fête de M. saint François, pour le remède de mon âme, et de ma bonne épouse et de mes amis trépassés.

FONDATION DE LA CHAPELLE SAINTE-MARGUERITE EN L'ÉGLISE DE SAINT-DENIS DE CANDÉ PAR MESSIRE FRANÇOIS LEPELLETIER, LE 16 MAI 1518, PAR TESTAMENT APPROUVÉ PAR MARGUERITE DAVOINE, SON ÉPOUSE

François Lepelletier avait été châtelain de Candé ; il avait un fils nommé Jacques.

Par ledit testament, François Lepelletier ordonne que la chapelle sera présentée par le fils aîné de ses successeurs et de son épouse ou par leur plus proche parent et lignage et, à leur défaut, par le procureur de fabrique. Il est dit aussi qu'autant que possible, le titulaire sera natif de Candé.

Par ce testament, il donne à perpétuité pour la fondation de ladite chapelle :

JARDIN, RUE SOURDE-ÉPÉE

1° Une maison, rue Bourgeoise, à Candé, avec cour et jardin, nommée la Geôle, achetée par Mme Vve Besnié-Pasquier.

2° Un jardin contenant trois hommées, appelé le Jardin-Long, joignant d'un côté les murailles anciennes de la ville et la porte chalainaise.

3° Un pré proche la chaussée du moulin à drap, paroisse de Freigné, d'une contenance d'environ deux hommées.

4° Un champ appelé les Gruchaux, contenant environ neuf boisselées de terre, situé paroisse de Freigné, joignant le chemin qui conduit à Guinefolle.

5° Trente grands boisseaux, mesure ancienne de Candé, dus par les propriétaires de la ferme de la Citolerie, commune de la Cornuaille, de seigle de bonne qualité.

6° Deux quartiers de vignes situés dans le fief de l'Ancreau, commune de Chantocé, appartenant aujourd'hui à l'hospice de Candé.

Voici le cérémonial de la prise de possession :

Le titulaire, ou celui qui le représentait, entrait dans la dite église de Saint-Denis, où est la chapelle Sainte-Marguerite, qui est du côté gauche du chœur, s'agenouillait devant l'autel de la dite église, aspergeait d'eau bénite le dit autel et les assistants, lisait au livre missel et, faisant tous les actes et solennité requis en tel cas, se rendait en la maison de la rue Bourgeoise, pour en prendre possession. Pendant tout ce temps, les cloches sonnaient ; ensuite il était dressé un acte de la prise de possession par l'un des notaires.

Touchant les Lepelletier, François Lepelletier, d'après les pièces que nous avons eues en mains, nous paraît natif de Candé. Son père l'était aussi. Toujours est-il qu'ils furent enterrés tous les deux dans l'église de Saint-Denis de Candé, devant le crucifix, ainsi que le déclare son fils dans son testament. Ceci nous prouve qu'ils étaient des personnes de qualité.

Le pape Jean XXII, étant venu en France, fut visiter la fameuse abbaye de Fontevrauld, vers 1530. Les religieuses lui présentèrent une requête, afin d'être dispensées de recourir à des hommes pour la confession. Le pape y fit droit, à une condition seulement, à savoir qu'on lui rendrait intact et sans l'ouvrir un coffret qu'il confierait en dépôt aux bonnes religieuses. Ce coffret renfermait une linotte. La condition fut acceptée ; mais, à peine le pape eut-il franchi le seuil du monastère, que le dépôt fut violé, la prison ouverte, et l'oiselet prit la volée. L'épreuve était décisive, et la pétition fut rejetée.

Histoire du même genre ; au lieu d'une linotte, c'est une souris.

Un très riche propriétaire avait un jardin délicieux,

qu'il avait confié à un jardinier, marié tout récemment. Tous les deux s'y trouvaient très heureux ; mais souvent, et même en présence de leur propriétaire, ils invectivaient et se plaignaient de nos premiers parents, qui s'étaient fait chasser du paradis terrestre et pour une pomme. Moi, disait le jardinier, j'aurais mieux fait qu'eux, j'aurais pris une belle poire, et j'aurais pu dire comme on disait en parlant de Louis-Philippe, qu'on trouvait trop bon : Adam nous a perdus par la pomme et La Fayette par la poire. Bref, toutes ces plaintes déplaisaient tellement au propriétaire qu'il leur dit : J'ai moyen de vous rendre aussi heureux que nos premiers parents. A partir de ce jour, vous ne travaillerez plus, vous viendrez boire et manger au château. La table sera toujours servie admirablement, mais j'y mettrai, au milieu, un plat auquel vous ne toucherez pas. Lorsqu'ils furent arrivés au salon, la femme, curieuse, voulut voir partout, et, à table, elle voulut en faire autant. Arrivée au plat défendu, la tentation devint plus forte. Elle ne fit que l'entr'ouvrir, une souris en sortit, le paradis fut perdu. Le propriétaire, intervenu, leur dit : Allez, malheureux, vous êtes bien plus coupables que nos premiers parents, qui étaient sans expérience.

CHARLES IX DÎNE A CANDÉ

Le roi Charles IX avait entrepris, à travers les provinces de son royaume, un long voyage qui, commencé en avril 1564, dura près de deux ans. Au retour de son excursion dans le Midi, il vint en Bretagne et fit son entrée solennelle à Nantes, et, après y avoir fait quelque séjour, il passa par Châteaubriant. Le dimanche 4 novembre 1565, Sa Majesté dîna à Candé, beau et grand village dit Royer, et alla coucher au Louroux, petit village. Le lendemain, il alla dans la lande vulgairement nommée la Touche-aux-Anes. Dans cette lande, se trouvaient quelques pauvres maisonnettes, dont les habitants reçurent force largesses du roi. Le mardi six novembre, Charles IX descendit à l'abbaye de Saint-Nicolas. Après s'y être reposé un instant, il passa l'eau à la Basse-Chaîne, et entra incognito au château royal par la porte des champs. Là, il trouva installés sa mère, Catherine de Médicis, et son frère, qui plus tard fut Henri III.

Il vint en Anjou pour mettre ordre, s'il se pouvait, aux dissensions religieuses qui amenèrent la Saint-Barthélemy.

LES LOUPS MANGENT LES ENFANTS

En 1598, les loups dévastent tout dans le pays. Ce carnage a déjà eu lieu il y a quatre ans, sur Angrie et ses environs : ils ont mangé grand nombre d'enfants en Anjou, vers Craon, Château-Gontier, Segré et Candé. La noblesse de ces côtés s'est réunie pour leur faire la chasse et en a tué plusieurs.

HOMMAGE LIGE ET SIMPLE

Termes de l'hommage lige et simple

Voici comment Taillandier, dans son *Histoire de Bretagne,* en 1681, rend compte de la manière dont le duc Pierre de Bretagne rendit hommage de son duché au roi de France Charles VII.

Nous y trouvons l'explication claire et précise des termes employés dans l'aveu de la baronnie de Candé rendu au roi Louis XIV, par le prince de Candé, en 1681, au sujet de la mouvance hommagée de ladite baronnie :

« Messire Christophe Fouquet, chevalier, conseiller du roi en ses conseils et président à mortier de son parlement de Bretagne, est mon homme de foi lige à cause de sa châtellenie, terre et seigneurie de la Roche-Diré, qu'il tient de moi, tant en fief qu'en domaine, et m'en doit la bouche et les mains.

HOMMAGE DU DUC DE BRETAGNE AU ROI

Le duc prit la route de Chinon, où le roi tenait sa cour, le 14 de mars. Il se présenta devant ce monarque debout et l'épée ceinte. Pierre de Brézé, sénéchal de Poitou, dit au duc qu'il devenait homme lige au roi.

Le duc répondit en adressant la parole au roi même

et lui dit : « Monseigneur, telle redevance est en la « manière que mes prédécesseurs, ducs de Bretagne, « ont fait à mes seigneurs, vos prédécesseurs, rois de « France. Je vous fais non autrement. » Après cette réponse, le duc, s'étant approché et ayant mis ses mains entre celles du roi, baisa ce prince debout, et sans plier le corps.

Le duc fit hommage lige au roi pour le comté de Montfort et autres seigneuries qu'il tenait en France et reçut, à genoux, le baiser du roi.

C'était la différence entre l'hommage lige et l'hommage simple.

MOTTES SEIGNEURIALES

C'est pourquoi certains seigneurs obtenaient du roi le droit de seigneur de fief avec motte, et c'était là qu'au 8 septembre, jour de Notre-Dame d'Angevine, les vassaux héritiers dans l'année allaient rendre hommage et reconnaître les droits féodaux dus au seigneur de fief. Il existe encore aujourd'hui plusieurs de ces mottes sur les communes de la Potherie et de Loiré.

Le roi Louis XIII fit son entrée à Angers le vendredi 8 août 1614. On fit des feux de joie sur la rivière et sur le port, et, le lundi onze, il alla faire son entrée en la ville de Nantes, où il toucha les malades des écrouelles et, le jour de la fête, 15 août, son régiment des gardes vint loger à Candé une nuit et de là à Bécon; et le jour qu'il arriva à Candé, Mme de Montmorency avait délogé de Candé au matin ; les habitants de Candé la reçurent honorablement, allèrent au devant d'elle jusqu'à Saint-Julien-de-Vouvantes et le clergé la reçut à la porte de l'église, comme dame de Candé. (*Jacques Valuche, page 2.*)

LES HABITANTS RANÇONNÉS

Une compagnie de gens de pied vint à Candé, le 8 décembre 1615, et rançonna les habitants de Candé, en sorte qu'ils furent contraints de prendre la fuite, à Angers, à Bourmont, à Angrie et autres forteresses de tous côtés, pour éviter la tyrannie des soldats et les rançons. Ils furent deux jours à Candé et allèrent à Saint-Julien en faire autant.

VALLÉE PIQUEMOUCHE

Au bout de quinze jours, La Vallée Piquemouche y revint aussi loger, en fit autant aux habitants qui étaient restés au dit Candé, tant que tous furent contraints de sortir et enlever tout leur bien ; ce qui restait était tout perdu. Il ne resta que deux habitants à Candé, Pierre Godier et Vincent Harembert, qui souffrirent de grandes pertes. Il n'était pas de semaines qu'il ne vînt des compagnies à Candé ; quand les uns délogeaiant, les autres arrivaient. C'étaient tous Normands et Manceaux, qui emmenaient tous les bestiaux en leur pays, si on ne les dégageait, ou si les seigneurs n'allaient les recourir; et ceux du pays volaient et emportaient tout en leur maison. Ils étaient tous soldats de l'armée de Vendôme.

« A dire vrai, les Candéens n'avaient pas toutes leurs aises. »

Le jeudi 26 octobre 1628, Pierre Gilberge, meunier au Petit-Chandelier-de-Saint-Jean, graissait son moulin ; sa robe s'est entourée autour du fer, où il a été étouffé. (*Valuche, page 10.*)

EXTRAIT DU MANUSCRIT DE JACQUES VALUCHE

Jacques Valuche, bourgeois de Candé et procureur de fabrique en 1633, a laissé un curieux journal des événements locaux, dont le détail s'étend de 1607 au 20 janvier 1662. Le manuscrit en reste conservé dans la bibliothèque de la cure de Candé. Une main moderne y a ajouté deux extraits du *Livre généalogique* de M. Bourgeais, charpentier à Candé, son parent, et qui concerne la fondation de l'hôpital Saint-Joseph de Candé et d'une école de charité pour les jeunes filles pauvres.

Ce manuscrit, d'une écriture fine et serrée, n'est que le journal d'un petit bourgeois, habitant une petite ville, qui recueille pour sa famille des petits faits, au hasard du jour. Valuche écrit à Candé, sur les confins de la Bretagne. Il dénote le prix des vivres, surtout des blés et des vins, les récoltes, les orages, les nouvelles des couvents et des églises. Dans tout ce verbiage, j'ai fait un choix un peu à ma guise des faits qui m'ont paru, ou par leurs détails nouveaux ou par quelque particularité intéressante, former une suite qui se puisse lire. Il était, sans doute, originaire d'Angrie, où le nom de sa famille et du logis patrimonial reste encore, à la Valuchère : c'est lui qui a donné son nom à ce petit village.

Pourquoi chaque paroisse d'autrefois n'a-t-elle pas eu ainsi son histoire racontée au jour le jour par quelqu'un de ses enfants? Pourquoi chaque commune d'aujourd'hui n'aurait-elle pas aussi, « comme il lui serait de profitable exemple, » son histoire fidèle, pour nous débarrasser, une bonne fois, s'il était possible, des histoires banales ou serviles? (*Revue d'Anjou, tome 6.*)

Ici sont remarqués et pris par écrit plusieurs articles remarquables et autres choses qui sont arrivées et se sont passées dans Candé et aux environs, comme des chertés de biens, et quand ils ont rabaissé de prix, comme les logements des compagnies de soldats et beaucoup d'autres articles, comme je peux reconnaître et entendre dire.

LA LOIRE GLACÉE

En l'an 1608, les premiers jours de janvier et huit jours devant, le froid commença, qui dura plus de sept semaines sans dégeler. S'il dégelait un jour, il regelait la nuit suivante. Il fit du verglas la vigile des Rois et de la neige le dit jour des Rois; elle dura sept semaines sur la terre. L'on passait avec bœufs, chevaux et charrettes par-dessus la Loire. Le vin glaçait dans les tonneaux; les chênes et autres arbres en partaient; les personnes transissaient de froid; les oiseaux mouraient. C'est pour cela qu'on l'appela l'année du grand hiver.

En 1659, le seigle valait 24 sols; le froment, 30 sols; l'avoine, 13 sols; le vin, six sols le pot, 50 livres la pipe; le cidre, 40 livres la pipe; l'orge, 20 sols le boisseau.

CONTAGION A CANDÉ

De 1628 à 1629, dans un an, il est bien mort, à Candé et aux environs, huit cent dix personnes de contagion. A cette époque, l'Erdre et les Mandies étaient des marécages qui engendraient la dyssenterie.

Le mardi 11 décembre 1635, M. Pierre Gast, sergent et notaire de la baronnie, tomba dans le puits de la Cohue, sur les 6 heures du soir. Il n'était dans l'eau que jusqu'au genou, de quoi bien lui en prit; il ne se blessa aucunement. Dès la semaine même, il plut en abondance, tant que le pays se remplit d'eau et que les voisins lui disaient qu'il avait été faire un commandement pour déboucher les sources. A cette époque, tous les endroits où se tenaient les marchés se nommaient la Cohue. Cet endroit se nommait place des Halles ou du Pilori.

Au mois d'octobre 1639, les maladies de dyssenterie se sont tellement enracinées, tant en ville qu'aux champs, que, de tous côtés que l'on puisse aller, le monde se meurt en si grand nombre qu'homme vivant n'avait point vu si grande mortalité pour être universelle. On dit que c'est à cause de la grande stérilité d'eau qui se trouve aux puits et fontaines : ce sont les eaux sales et boueuses que l'on a bues qui ont engendré la maladie ; car, depuis la Saint-Jean jusqu'à Noël, le monde, dans beaucoup de lieux, n'avait pas une goutte d'eau. Il fallait aller avec des charrettes en chercher aux grandes rivières pour les bestiaux.

La contagion commence à Candé, le samedi 6 octobre. M. Lezin, Morice, prêtre, curé de Saint-Denis de Candé, lequel n'a été curé que 19 mois, n'a résidé que 11 mois, durant lequel temps il a fait faire de grandes ornementations au presbytère, et est décédé de contagion, au grand regret de tous les habitants, d'autant que c'était un bon curé, homme de bien, qui aimait fort ses paroissiens. Il a été enterré en l'église de Saint-Nicolas.

Le dimanche 22 octobre, défense est faite aux chirurgiens et apothicaires qui assistent les malades de fréquenter avec les habitants. En cette année de grande contagion, est décédé à Candé et fauxbourgs bien soixante personnes, quasi toutes enfants. Les marchés de Candé n'ont rien valu en automne, à cause de la contagion.

Le vendredi 30 mai 1614, M. de Champbellay, avec son régiment de bien mille hommes de cheval, sont arrivés à Candé pour y loger. Ils ne faisaient que danser et faire bonne chère aux dépens des habitants. Ils avaient des étapes es paroisses circonvoisines, où ils picouraient. Freigné, la Cornuaille et Angrie, ne furent pas picourés. Ils ne délogèrent point jusqu'au jeudi en suivant octave du Sacre et allèrent loger à Ingrandes.

L'ARMÉE DE VENDOME

Le lundi gras, 6 février 1616, l'armée de M. de Vendôme s'était ramassée de tous côtés et fit montre aux environs du Lion-d'Angers, et puis les soldats s'en allèrent de tous côtés, où ils achevèrent de tout perdre. Le même jour, 6 février, le régiment de Saint-Denis Maillot, Vallée et Boisjourdan, vint à Candé loger. L'église de Saint-Denis, où les habitants avaient caché beaucoup d'effets, fut volée. Le même jour, le régiment de Pontpierre alla aussi loger à Freigné et ravagea la métairie de la Biettière, près Bourmont, le mardi gras, comme M. le Comte était à dîner. Ils furent huit jours dans le pays. L'on avait sauvé les bestiaux aux forteresses, le pauvre monde y endurait si grand froid à coucher dehors. Saint-Denis Maillot revint à Candé à la fin du carême, pour achever de ravager : quelques maisons à Beaulieu s'étaient conservées sous l'ombre d'un des gens de M. de Vendôme, nommé Saint-Germain, qui était de la Bouvrais, de Vriz.

Au mois d'avril 1616, la paix se fit : la dite armée s'est dissipée et rompue par une permission divine. Les soldats étaient dévalisés en se retirant chacun chez eux ; ils étaient tués, massacrés et assommés par tous cantons où ils étaient trouvés, tant que c'était grand'pitié. Ils faisaient pitié à ceux à qui ils avaient fait tant de mal et, quand ceux qui s'échappèrent furent retirés chez eux, la plupart moururent misérablement.

Au mois de mai 1616, les habitants de Candé se sont raménagés à Candé, en grande joie et réjouissance. Il faisait un beau printemps, qui fut la cause que le blé revint à 14 sols le boisseau, et le froment à 18 sols.

En 1617, Guillaume Fouquet de la Varenne, évêque d'Angers, visita les principaux lieux des doyennés de Candé et de Craon ; il donna le chrême au mois d'octobre, en l'église de Saint-Denis de Candé. Il y avait des personnes âgées de quatre-vingts ans qui le reçurent. Le monde y venait de quatre et cinq lieues autour du dit Candé pour le recevoir.

BARRICADES A CANDÉ

En 1627, le jeudi 16 septembre, on a fait des barricades à Candé, pour empêcher la compagnie de Bois-Dupin d'y entrer. Ils ont entré par composition que chaque soldat aurait 20 sols ou, si mieux il aime, être nourri par son hôte, avec défense de ne rançonner aucun habitant. Elle venait de Loiré et Vergonne; ils étaient 300 soldats, ont été deux jours à Candé et sont allés à Pouillé et à Mésangé.

En 1612, le blé vaut 10 sols le boisseau, et le froment 14 sols; et, en 1614, la nuit entre le 9 et le 10 du mois de mai, il fit une méchante gelée qui gâta les blés et les bois, qui étaient avancés. Le blé valut 24 sols le boisseau. Il ne fut point de noix, peu de vin et de fruitage.

En 1627, le blé vaut 20 sols le boisseau; le froment, 24 sols; le vin, 8 sols le pot; grande abondance de cidre. L'été pluvieux, l'on n'a pu battre les blés qu'en automne. La viande est fort chère à cause du siège de la Rochelle.

Le 22 février, les Égyptiens ont logé à Candé; ont été jusqu'au samedi en suivant. Le dimanche 2 avril, deux compagnies de gens de pied ont passé par Candé, qui venaient de Combrée.

En septembre, le blé vaut 22 sols le boisseau; le froment, 25 sols; le vin, 5 sols le pot; le beurre, 4 sols la livre.

Le premier juin 1629, la contagion est finie, grâce à Dieu: il en est mort, tant l'an passé que cette année, bien quatre-vingts personnes. Le dimanche 2 juillet, on est allé en procession à la Primaudière. Il y a bien trente ans qu'on n'y était allé. Grande chaleur depuis le commencement de juillet jusqu'à la fin d'août, beau temps pour cueillir les biens de la terre. Le blé vaut 15 sols; le froment, 22 sols; le beurre, 5 sols la livre; le vin, 4 sols le pot; le cidre, 1 sol le pot.

Contagion au bourg de Beaulieu, près Candé.

En 1630, toute la saison d'hivert a été pluvieuse, avec grand vent impétueux qui rompit les arbres. Le blé vaut, en mars, 21 sols; le poisson est fort cher. Remuement sur les pistoles, qui se mettaient à 8 livres, à présent, à 7 livres 10 sols; cela fait grand tort aux marchands.

Le vendredi 1er novembre, notre tabernacle de Saint-Denis a été mis sur le grand autel et béni par M. Urbain Mauboussin, curé. Il a coûté 220 livres.

LE PAIN DE GLAND

Le 13 décembre, le froid a commencé, qui dura 15 jours avec grande neige à Noël, qui fit mourir les choux et beaucoup de jeunes bois ; les genêts moururent es champs. Il a été grande abondance de vin et autres fruits, en outre le gland, qui a beaucoup servi aux pauvres gens pour faire du pain, à cause de la cherté du grain, qui vaut : le blé, 53 sols ; le froment, 65 sols le boisseau ; le blé noir, 27 sols, et tout le grain venait du côté de la Normandie, qui n'avait pas été gâté par l'éclair qu'il fit le 1er juin l'an dernier, lequel éclair perdit la fleur du blé et autres fleurs partout où il porta. C'était pitié de voir le pauvre monde : beaucoup mouraient de faim ; beaucoup mangeaient du pain de glands, de graine de lin, de citrouille. Le lundi 12 mai, il y avait à la halle de Candé plus de douze charretées de pains qui étaient venues, à charge de cheval, de Fougère et de la Bretagne, de plus de quinze lieues. Depuis ce jour, le grain a baissé de prix peu à peu.

Le mardi 10 février, la métairie de la Riveraie, près la Burelière, en la Cornuaille, a brûlé.

En 1637, le mercredi 5 août, il fit une journée de pluie douce qui fut propre pour les légumes des jardins. Le blé vaut 16 sols le boisseau ; le froment, 22 sols.

Le 6 août, il est arrivé une compagnie de soldats à la Cornuaille, pour y loger ; mais quand ils ont vu les armes de M. le prince de Condé sur un poteau, ils n'ont point eu envie d'y loger, et sont allés au Louroux-Beconnais et de là à Marans, pour aller trouver le régiment de M. de la Rochegiffart, qui était en garnison à Craon.

Le lundi 14 septembre, il a été fait défense aux habitants de fréquenter ceux des paroisses pestiférées ; il y a grande contagion à la Cornuaille, Freigné, Saint-Sulpice, la Chapelle-Glain et Challain. Ils ont fermé les portes des églises de la Chapelle-Glain et de Saint-Sulpice et n'y ont point dit de messe durant plus de quatre mois.

En 1640, le vendredi 10 février, il a été fondu une petite cloche, laquelle pèse 102 livres, que Jean Godier a donnée pour servir d'appeau, quand on commencera le service. Le dimanche 12 février, elle fut bénie après vêpres : Jean Gaudin, avocat, et Madeleine Lemée l'ont nommée Madeleine. Elle fut, le lendemain, montée au clocher.

La contagion a pris au bourg d'Angrie la première semaine de Carême, ce qui a été cause que le curé est allé dire les messes de paroisses et les absolutions, aux jours de lundi, mercredi et vendredi, en l'église de Saint-Jean et en la chapelle de la Gâchetière, en ce temps la Gaziottière, alternativement pour la commodité des paroissiens. Tous les habitants du bourg avaient fui ; le mercredi de la semaine sainte, tous sont revenus faire le service en l'église du dit bourg.

Le mardi 26 mars 1641, le bourreau d'Angers est venu à Candé; il a baillé le fouet à onze faux saulniers, à la porte du grenier à sel, au carrefour du

Tertre, de la Fresnaye et de la Cohue. Il leur a seulement baillé à chacun un petit coup de verge en chacun des carrefours. Il venait à Candé plusieurs fois par an.

Le jeudi 16 mai, il est venu à Candé des huissiers qui vont par les paroisses saisir le temporel des abbayes, bénéfices, boîtes de fabriques des trépassés, faute d'avoir baillé par déclaration le revenu du dit temporel au Roi. Ils prenaient ès landes et communs les bestiaux qu'ils y trouvaient à pacager et les emmenaient à Angers pour les vendre, disant que les dites landes sont du domaine du Roi. Il fallait aux habitants les leur ôter de force ou composer avec eux. Ils vont partout l'Anjou en faire autant.

CHAÎNE DE FORÇATS A CANDÉ

Le jeudi 25 juillet 1641, a passé à Candé une chaîne de forçats qui venaient des prisons de Bretagne ; il y en avait soixante-deux à la chaîne. Ils furent battus à Saint-Julien-de-Vouvantes ; il en fut ôté deux de force, et le capitaine fut blessé : on le menait dans une litière.

Le jeudi 27 mars 1642, jour de la mi-carême, la foire a tenu à Candé pour la première fois. Il y avait peu de bétail, mais il y avait bien du monde pour un commencement. Il y vint trois archers d'Angers, pour aider aux commis à serrer le sou par livre.

Le vendredi 9 mai, fête de la Translation de saint Nicolas, la foire royalle a tenu à Candé ; il n'y avait pas de bestial, car elle n'avait point été assignée aux paroisses. Il s'y était trouvé des marchands et du monde honnestement pour la première fois.

LE COLLECTEUR DE CANDÉ EMPRISONNÉ

Le mercredi 25 janvier 1640, Guillaume Talourd, habitant de Candé, fut mis en prison à Segré et, de là, mené à la prison de Château-Gonthier, pour la somme de deux cent quatre-vingt-quatre livres, faisant moitié de la taxe à quoi Candé avait été taxé pour la subsistance des gens de guerre du roi, et, le samedi 29 janvier, François Talour, son frère, habitant du dit Château-Gonthier, est venu à Candé pour faire les diligences, pour le faire sortir de prison. Les habitants du dit Candé lui ont mis en main la somme de trois cent francs, le surplus pour les frais de voyage. En ce temps-là, les collecteurs étaient responsables de leur charge. *(Valuche, folio 36.)*

MONNAYAGE AU BALANCIER

C'est en 1640 qu'on supprima le monnayage au marteau et qu'on le remplaça par le balancier. On attribue la légende que portent les louis : *Christus regnat, vincit, imperat,* à Louis le Gros.

On assure que Philippe le Bel est l'auteur de celle des écus : *Sit nomen Domini benedictum.*

On commença à marquer les pièces sur la tranche en 1685.

GRENIER A SEL DE CANDÉ

Candé était la résidence d'un grenier à sel et comprenait dans son ressort vingt-quatre paroisses. Le grenier à sel était composé de : un président, deux grénetiers, deux contrôleurs, un procureur du roi et un greffier. On y consommait trois muids de sels chaque année, le muid pesait 4,800 livres, ce qui faisait 14,400 livres chaque année.

Il y avait à Candé une maîtrise des eaux et forêts.

La justice était exercée par un sénéchal et son greffier.

Très anciennement, les seigneurs châtelains avaient droit d'avoir deux degrés de juridiction : le juge devant qui on plaidait en première instance s'appelait *châtelain*, et celui devant qui on appelait des sentences du châtelain prenait le nom de *sénéchal* ou *bailli*. Les châtelains ont été supprimés par ordonnance du Roi, dite ordonnance du Roussillon, rendue en 1564, de sorte qu'il ne restait qu'un sénéchal.

Les tribunaux du grenier à sel jugeaient les contraventions à l'impôt du sel ; ils étaient au nombre de dix pour la province et siégeaient à Angers, Brissac, Saumur, Beaufort, Vihiers, Saint-Florent-le-Vieil, Candé, Ingrandes, Craon et Pouancé.

Mais c'est surtout sur la limite de la Bretagne que ces tribunaux avaient fort à faire; c'était une surveillance de jour et de nuit pour empêcher le sel d'entrer en contrebande. Il y avait certains villages où une partie des habitants faisaient leur métier de passer du sel; on les appelait les *faux sauniers*, et, quand la gabelle les prenait, ils étaient condamnés à des peines sévères : on faisait même venir le bourreau d'Angers, qui les fouettait devant la populace. La surveillance étant devenue très active, les faux sauniers des deux rives imaginèrent de dresser leurs chiens pour transporter le sel d'un village à l'autre, la nuit, ce que ces intelligentes bêtes faisaient très bien. Le repaire de la majeure partie des faux sauniers était à Préfourré et autres endroits, sur les confins de l'Anjou et de la Bretagne.

Messieurs du grenier à sel prenaient le titre d'officiers du grenier à sel.

FONDATION DU GRENIER A SEL

En 1488, le roi de France Charles VIII épousa la duchesse Anne de Bretagne et mourut quelques années après. Alors, elle épousa, en secondes noces,

Louis XII, son successeur. C'est là qu'il fut stipulé que toutes les franchises de Bretagne seraient respectées : voilà pourquoi la Bretagne était exempte de l'impôt du sel jusqu'à la Révolution et qu'on fut obligé d'établir des greniers à sel sur toute la limite.

En 1633, M. Claude Lebreton, grennetier au grenier à sel, a fait bâtir le grenier à sel de Candé, au lieu et place du four à ban, et il a fait charroyer le sel qui était au vieil grenier de la rue de la Poulaillerie. *(Valuche, folio 16.)*

EXTRAIT D'UN AVEU DU PRINCE DE CONDÉ, DE 1684, QUI DIT :

Item, mon four à banc du dit lieu de Candé avec la maison où est le dit four, au quel mes sujets, habitants et voisins du dit Candé, sont obligés d'aller faire cuire leur pain, joignant vers occident et septentrion la ruelle du Four, vers midi la rue Bourgeoise, lequel emplacement, maison et four a été arrenté par mes prédécesseurs à Claude Lebreton pour 60 sols de rente et sert présentement de grenier à sel et à tenir l'audience de la juridiction du dit grenier.

On voit encore aujourd'hui dans la salle des audiences, sur les murs, tout autour, des peintures rouges, à hauteur de lambris, et, de là, au plancher garni de fleurs de lis jaunes, à liserets noirs, un rang de fleurs de lis et un rang d'L surmontées de couronnes garnies de trois fleurs de lis. A côté était la prison. M. Guépain, propriétaire actuel de ces bâtiments, a dit que toutes les ouvertures du rez-de-chaussée étaient bardées de fer ; il y avait au-dessus de la porte d'entrée, incrustées dans une pierre de granit, les armes de France, dont les fleurs de lis avaient été grattées, mais elles étaient restées encore visibles.

Vers 1868, M. Guépain voulut refaire la façade sur la rue et, en bêchant les fondations, dans l'emplacement de l'ancien portail d'entrée, il trouva dessous un cadavre d'une longueur extraordinaire et qui paraissait être là depuis bien longtemps, par son entière dissolution.

Le corps des officiers du grenier à sel de Candé portait : D'azur à trois fleurs de lis d'or, deux et une. Tous les greniers, en Anjou, étaient de même.

Le dernier grenier à sel de Candé est celui de la rue aux Moines, bâti par M. René-Prosper Sapinaud du Bois-Huguet, en 1733 ; il n'a pas changé, il est fermé au nord, sur la rue, par trois doubles portes garnies chacune de trois serrures et recouvertes d'une bande de fer, fermant encore à clef. Depuis la suppression des greniers à sel, on a remonté les maçonneries et la charpente pour faire des greniers à grains.

Le 6 octobre 1789, les représentants des villes, bourgs, paroisses, communautés de la province d'Anjou, se réunirent à Angers, en l'église de l'Oratoire, pour aviser aux moyens les plus prompts et les plus efficaces de remplacer d'une manière avantageuse pour le bien de l'État l'impôt du sel, conformément au décret du 23 septembre dernier, disant que la gabelle sera supprimée aussitôt que le remplacement en aura été concerté. Ont signé : René-Pierre Demaulne, Jacques Guérin, Louis Gaudin, Gigault de la Giraudais, Pierre Grosbois, François Denis, Esprit Bancelin.

NOMS DE QUELQUES PRÉSIDENTS DU GRENIER A SEL DE CANDÉ, DEPUIS 1647 A 1776

1647. — Garnier Etienne de la Roussière, président du grenier à sel de Candé ; il était en même temps sénéchal de la châtellenie d'Aussigné.

1671. — Lemaçon, François, sénéchal de la baronnie de Candé.

1682. — De la Touche, René, procureur de la baronnie de Candé.

De 1710 à 1742. — Lesné, Jean, procureur fiscal.

De 1742 à 1774. — Lesné, Pierre-Etienne, fils du précédent, procureur fiscal de la baronnie de Candé.

1724. — Mº Joseph Gaudin, sieur de la Mazure, greffier de la baronnie de Candé, demeurant au village de la grée Saint-Jacques, paroisse de Vriz.

1725. — Mº Charles-Louis Brossaie, conseiller du Roi et son procureur au grenier à sel.

1725. — Me François de la Porte, sieur de la Girondière, conseiller du Roi, grenetier et sénéchal de Candé.

1748. — Noble homme François Leroyer, sieur de la Hautaltière, ancien président au grenier à sel de Candé.

1748. — Noble homme René Grosbois, président au grenier à sel de Candé avant 1748.

1755. — Me Pierre-Elisabeth Jousset, président au grenier à sel de Candé. Son fils, Mathurin Jousset, fut aussi président au grenier à sel.

1776. — Le sieur Chauveau, syndic de la paroisse.

1768. — Potel, Pierre-Jacques, greffier de la baronnie, et Antoine Potel, son fils.

1781. — Charlery, René-François, sénéchal de Candé.

En 1784, le grenier à sel de Candé était composé ainsi qu'il suit : MM. Jousset, président ; Maunoir, grenetier; Ragaru La Touche, greffier; Huard, huissier audiencier ; Proust, contrôleur ; Huard, procureur du Roi ; Bessin, notaire.

Me Guillaume Ragaru La Touche, licencié ès lois, était procureur fiscal de la baronnie de Candé et, en 1784, greffier du grenier à sel de Candé. C'est lui qui, sous le premier Empire, était juge de paix à Saint-Mars-la-Jaille, quoique résidant à Candé. Je l'ai vu souvent s'en revenir de Saint-Mars : il avait en main un long bâton, avec un chapeau dit à la claque, comme en ont encore les gendarmes. Son petit-fils, qui demeurait au bas de la rue aux Moines, eut deux fils et une fille. Tout cela ne pouvant réussir, ils sont partis de Candé, croyant mieux faire ailleurs.

MARAIS DE LA BROCHERIE, PROCÈS

En 1632, le 28 juin, les habitants de Candé sont allés au bat du tambour abattre un fossé au commun de la Brocherie, dépendant dudit Candé, d'après un aveu de la baronnie de Candé, lequel fossé n'avait été fait que le vendredi de devant par un nommé Gondard, qui l'avait fait faire pour mettre avec son lieu du Busson, qui est tout proche dudit commun. (*Valuche, page 15.*)

Le 7 juillet 1791, requête de dame Marie Guibourd, veuve de M. René Gaudin de la Sucheraie, demeurant à la grée Saint-Jacques, commune de Vriz, intervenant à cause du sieur Charles Gaudin, son fils, pour ses droits dans les marais de la Sablonnière ou marais de la Brocherie, contre les habitants de Candé, pour leurs prétendus droits de pacage, à savoir : que, le 28 juin 1632, les habitants de Candé étaient allés au bat du tambour abattre un fossé fait par Gondard, pour son lieu du Busson, qui le joint. Noms des défendeurs : Yves Talourd, meunier ; Paul Blouin, aubergiste ; Pierre Grosbois, apothicaire ; Charles Denis, poêlier ; Louis Lardeux, menuisier ; François-Pierre Edin, notaire ; René Chaillons, laboureur ; François Raoul, fermier ; Louis Manceau fils, tanneur; Pierre Gabillard, couvreur; François Chauveau, boulanger; René Montreuil; Gabriel Derouet, marchand de lin; René Robert, marchand; Jacques Frotté, marchand; Pierre Coué, marchand; Jacques Gruau, tailleur d'habits; Pierre-Grégoire Huard, notaire; Nicolas Avril, marchand; François-Louis Ragaru, marchand; veuve Pierre Lambert.

Il paraît que la demande des habitants de Candé, fondée sur les aveux du prince de Condé, n'a pas été acceptée par les tribunaux, puisque les propriétaires du Busson et de la Brocherie sont aujourd'hui les seuls possesseurs de ces terrains des marais.

DONATION DE LA MAISON DE LA TREILLE

M. Jean Lemée, prieur de Vriz, de la famille des Lemée, existante encore aujourd'hui, a donné, par acte notarié en date du 8 février 1659, aux habitants de Candé, sa maison nommée la Treille, sise à Candé, avec un grand jardin clos de murailles et qui se trouve au-devant du logis. Cette maison était chargée de vingt livres de rente, due pour l'entretien de la lampe de l'église de Candé. Cette donation était faite pour servir de collège et pour loger trois régents et instruire la jeunesse par charité. Cette rue prit le nom de rue du Collège. Cela fut convenu dans une réunion avec les habitants dont les noms suivent, qui ont signé : Jean Lemée, donataire; Girault, Hiron,

Huchedé, Cathelinais, Martineau, René Chaussé, Ravard, Brossaie, Boivin, Bénard, Bretancour, Taupin, P. Boisfumé, Bernier, Buffé, Madré, Bubin, P. Gilberge, Ymascot, J. Boisfumé, René Bouet, Gabriel Gilberge, Pierre Tremblay, Charles Despaux et nous, Bretault, notaire ; Claude Douard ; Mº François-Joseph Guichard, prêtre chapelain et vicaire de cette paroisse de Candé, qui en était titulaire en 1776.

Vers l'an 1776, cette maison était tellement tombée en ruines qu'on ne pouvait plus l'affermer et qu'il était impossible de remplir le but de la fondation et d'avoir un maître de grammaire capable d'enseigner. Pour remédier à cet état de choses, les notables habitants, par une délibération, convinrent que cet héritage serait arrenté perpétuellement. L'adjudication faite devant M. François-Pierre Edin de la Touche, cette maison resta à M. Pierre-Clovis Brillet, chevalier, seigneur de Loiré, moyennant une rente perpétuelle de 115 livres. Depuis ce temps, cette maison prit le nom d'hôtel du Loiré. On remarque sur le haut de la tour de l'escalier une image de sainte Catherine ayant en main la roue du martyre.

Cette maison fut revendue le 28 fructidor an 8, par Mº Charles-Clovis Brillet, baron de Candé, par acte de Mº Antoine Potel, notaire à Candé, pour 2,400 francs, à M. Jean Terrien, propriétaire à Freigné, qui la revendit, le 2 germinal an XI, à M. Terrien, son frère, chirurgien à Candé, et dame Rosalie Edin de la Touche, son épouse. Ces derniers l'ont arrentée à M. Michel-Louis Blanchet, leur beau-frère, pour 270 francs de rente viagère, le 8 novembre 1819. Cette maison est restée à la famille.

M. Michel-Louis Blanchet était né à Beaulieu, près Candé. Il était clerc tonsuré en 1788 et se présenta pour obtenir le bénéfice vacant de la chapelle des Guets, dans la paroisse de Saint-Augustin-des-Bois, à l'encontre de M. Jacques Guimier, aussi clerc tonsuré. Ce dernier fut préféré, comme plus proche parent des fondateurs.

Il a été longtemps maire de Freigné et, en même temps, régisseur du château de la Saulaie, tout le temps qu'a duré la Révolution, Mme de l'Esperonnière, de Vriz, demeurant à Rennes, avec ses deux fils mineurs.

En 1816, M. Blanchet acheta la belle propriété des Ramées et de Vaubrun, commune de Vritz, à Mme Caroline Lechaux, propriétaire, demeurant à Bonnais, commune du Verger, arrondissement de Montfort, département d'Ille-et-Vilaine, qui descendait de Messire Olivier Mignard, seigneur de Vaubrun, des Ramées et du fief du Donnet, en la commune de Vritz, en 1735.

DONATION DE MAISONS SISES RUE AUX MOINES

Me Chollet, prêtre de la congrégation de Saint-Sulpice, a donné, en octobre 1726, à la paroisse de

Candé trois maisons situées à Candé, rue aux Moines, pour faire un collège ou école de charité, ce qui n'a pas eu lieu, à cause du mauvais état de ces maisons. Elles furent revendues par Me Antoine-Gabriel Chauveau, curé de Candé, et M. Augustin Moutel, bourgeois, procureur de fabrique, à M. Louis-Jean-Baptiste Huard, docteur-médecin, procureur du roi au grenier à sel de Candé, le 2 septembre 1776, pour 120 francs de rente, et depuis rachetées et rebâties par M. Edin de la Touche, notaire. Elles appartiennent aujourd'hui à la famille Gaudin. A l'époque de cet arrentement, le titulaire de ces maisons était M. François-Joseph Guichard, prêtre, chapelain de Candé, qui prenait le titre de principal du collège de charité. Il se désista purement et simplement de ses droits, et d'autant plus facilement qu'il n'avait jamais joui du revenu.

TITRES QUE SE DONNE M. FRANÇOIS-PIERRE EDIN DE LA TOUCHE, NOTAIRE ROYAL A CANDÉ

Dans un acte de nomination passé devant Me Toussaint Seju de Beauchêne, notaire royal à Armaillé, M. Edin de la Touche se donne les titres suivants : procureur agrégé au grenier à sel, procureur militant de la baronnie de Candé et de plusieurs juridictions et sénéchal du Donnet, en Bretagne, procureur fiscal des châtellenies de Bourmont, de Freigné et de la Cornuaille.

Ce M. Edin avait deux demoiselles : une épousa M. Terrien, chirurgien à Candé ; et l'autre, M. Michel-Louis Blanchet, propriétaire à Beaulieu, décédé à Candé, dans la maison de la Treille, rue du Collège.

LOUIS, DUC DE BOURBON, PRINCE DE CONDÉ

Le mardi 15 mai 1629, M. le prince de Condé a logé à Candé, en s'en revenant de la Bretagne, où il était allé prendre possession des biens de M. de Rohan, par don que lui en avait fait le roi Louis XIII.

Il y revint encore le 6 août 1633, pour prendre possession des baronnies de Châteaubriant et de Candé, que le roi lui donna après la mort du connétable de Montmorency, son beau-frère, qui avait été décapité à Toulouse, le samedi 30 octobre 1632.

En 1632, M. le prince de Condé épousa demoiselle Claire-Clémence de Maillé-Brézé, qui était nièce du cardinal de Richelieu. Armand de Brézé, son frère, eut un fils, qui fut l'amiral de Fronsac.

C'est ce prince de Condé dont les armes sont rapportées sur la tour du sud-ouest du château de Bourmont.

Le lundi 4 avril 1633, l'intendant du prince de Condé était à Candé, où il a donné assignation aux officiers de la justice d'aller trouver le prince à Châteaubriant, et, le lundi 19 septembre, M. le prince est venu de Châteaubriant à Candé, pour faire tenir les assises générales, où toute la noblesse dépendant de la baronnie est venue rendre ses hommages.

Il a affermé ladite baronnie à Claude Lebreton pour 800 livres, tandis qu'il l'avait auparavant pour 551 livres et, le 20 septembre, il est allé au Don et à Chantosseau.

Le dimanche 15 août 1638,les officiers et justiciers de Candé ont fait faire une procuration, que plusieurs des habitants ont signée, pour vendre les communs de Mandies à M. le Prince; il en promet 2,400 livres. Ce sont les MM. de Candé qui ont demandé à les vendre, d'autant qu'ils étaient fâchés que les pauvres gens panageaient leurs chevaux et autres bestiaux et pêchaient ès ruisseaux, et en indignation qu'ils ne leur baillaient point de poisson ; ils lui ont fait envie de les acheter, et ceux qui ont signé lui donnent leurs parts desdits communs. MM. Delhommeau et Chotard sont venus pour ce sujet à seul fin de contracter ; mais, la plupart des habitants n'en ayant pas la volonté, lesdits communs sont encore demeurés en leur essence.

Les Mandies, ruisseau né en la commune de Saint-Sulpice-des-Landes (Loire-Inférieure), traverse les communes du Pin et de Vriz et vient se perdre, à Candé, dans l'Erdre. Un autre ruisseau prend également sa source dans l'étang du Pin, le Mandie, qui, se dirigeant en sens inverse, va se jeter dans le Don et de là dans la Vilaine, à Redon. C'est toujours le même bassin, et c'est ce qui faisait dire : « Depuis Candé jusqu'à Redon, Mandies ne perd point son nom. »

Le dimanche 5 octobre 1642, le prince de Condé, arrivé à Candé sur le midi, venant de bailler ses terres de Châteaubriant et autres à ferme, ledit jour a baillé aussi Candé et Chauveau à ferme à Guillaume Talour et Claude Cathelinais, son gendre, et a baillé nos Mandies, par ledit bail, lesquels étaient nos communs, le tout pour 1,000 livres tournois par an, à commencer au 1er janvier 1644. Ils jouiront des Mandies dès à présent, sans rien en payer, jusqu'à ladite année 1644, qu'ils commenceront à payer ladite ferme de 1,000 livres, et mondit seigneur fera clore les Mandies à ses dépens l'an prochain, et il a délogé le lundi matin au point du jour, pour aller à Angers, où il fut reçu honorablement.

On prétendait que les Mandies, qui, à cette époque, n'étaient qu'un vaste marais, étaient la cause des maladies malignes dont Candé était souvent affligé, par les miasmes qui s'en dégageaient, et, pour cette raison, les habitants de Candé demandèrent à M. le prince de Condé, qui était seigneur de Candé à cette époque, de vouloir bien détruire ses moulins de Saint-Denis, afin de dessécher lesdits Mandies. Abandonnant leur droit de pêche, ils réservèrent seulement le droit à l'abreuvoir des Graveaux, près Saint-Nicolas.

M. le Prince fit aussitôt démolir ses moulins, mais il ne fit rien autre chose, et les maladies n'en devinrent que plus graves. Ce ne fut qu'en 1773, lorsque M. Brillet, seigneur de Loiré, acheta la baronnie de Candé, ainsi que Saint-Nicolas, dont était fermier M. Gardais, qu'il fut fait des fossés de dessèchement.

Le premier janvier 1647, M. Louis de Bourbon, seigneur de Candé, est décédé et — le 29 janvier suivant il a été fait dans l'église de Candé un service solennel pour Messire le Prince baron de Candé. Il y avait une grande affluence de monde : 33 prêtres du dehors de Candé, six de Candé, sans compter les Augustins, et deux de Pontron, toute la noblesse du pays.

En 1651, le dimanche 5 mars, après la grand'messe, on a chanté le *Te Deum* en signe de réjouissance : MM. les princes de Condé, de Conti et de Longueville, qui étaient détenus prisonniers au Havre-de-Grâce, avaient été ôtés du bois de Vincennes. La plupart des habitants de Candé se mirent en armes pour faire des feux de joie et allèrent en armes jusqu'au château d'Angrie, saluer M. d'Angrie, qui les reçut honorablement, avec une collation dans la salle et du vin à seilles dans la cour, pour tous ceux qui voulurent boire, où ils tirèrent pulsieurs coups de poudre, tant devant le château que dehors. Ils étaient plus de 70 armés, avec deux tambours, et s'en vinrent faire le harault et charibaude au puits de la Cohue, avec plusieurs coups tirés. Lesdits princes étaient détenus depuis le 1er janvier 1650.

Aussitôt le cardinal Mazarin fut chassé de France.

M. le prince de Conti fut seigneur de Candé. Le dimanche 28 mai 1656, il a été publié à Saint-Denis une ordonnance du Roi enjoignant à ceux qui avaient reçu des fermes de Châteaubriant, Candé et autres terres, de rendre l'argent entre les mains de M. Thouré, gouverneur audit Châteaubriant, pour être employé aux bâtiments et réparations qui sont à faire et mains levées à tous ceux qui avaient acheté des bois et autres qui étaient, le tout au profit de M. le prince de Conti, seigneur desdits Châteaubriant, Candé et autres terres.

Le prince de Condé, fils de Henri II de Bourbon, beau-frère du duc de Montmorency, décapité à Toulouse, rentre en possession en 1660, après la paix.

Aveu de Louis de Bourbon, prince de Condé, signé dudit prince et daté de 1681. Il meurt avant l'enregistrement dudit aveu, et son fils, Henri-Jules de Bourbon, le fait enregistrer et ratifier en 1689.

Les aveux de la baronnie de Candé devaient être publiés par trois dimanches consécutifs, à la grand'-messe à Candé, et dans vingt paroisses environnantes.

En 1565, le prince de Condé, alors chef des huguenots, quitta le cortège royal à Châteaubriant avec Charles IX et se rendit à Angers le 29 octobre. Les huguenots voulaient le faire roi de France et ils avaient frappé prématurément des médailles qui portaient son effigie avec cet exergue : « Roi des fidèles. » (*Revue d'Anjou, 1880, avril.*)

Déclaration de maison et héritage que Jean Graveran, fils et héritier des défunts Jean Graveran et Françoise Gilberge, ses père et mère, demeurant paroisse du Louroux-Béconnais, déclare et avoue tenir de vous, très haut, très puissant et très excellent prince Louis-Henri, duc de Bourbon, prince de Condé, pair et grand-maître de France, duc d'Anguien, Chateauroux, Montmorency, gouverneur et lieutenant général pour Sa Majesté en ses provinces de Bourgogne et Bresse, seigneur-baron de Châteaubriant, Candé et autres lieux, etc, une maison nommée la Place-Neuve, située en cette ville de Candé, rue Roueneau, où est la porte d'entrée, avec un ballet au-dessus, en joignant vers midi maison et appentis de Perrine Graveran et vers galerne appentis de Etienne Bradâsme.

Item, déclare avoir droit, lui ou ses fermiers, d'envoyer ses bestiaux paître et pacager aux communs de Saint-Nicolas, Monlamprais, des Moulins-Neufs, de la Brocherie et marais dudit lieu, etc., le 29 mai 1727. La déclaration est signée Paupin ; Chauveau, notaire.

Sur la grée Saint-Jacques, près Candé, en la paroisse de Vriz, il y avait une antique chapelle dédiée à saint Jacques, où il venait beaucoup de pèlerins, le

1er mai de chaque année. Le jour Saint-Jacques, les mères y venaient pour faire évangéliser leurs enfants contre la peur. Depuis la Révolution, la chapelle étant tombée en ruines, on allait pour le même motif devant l'image de saint Jacques, au bourg de Vriz, ce qui y forma une assemblée et une petite foire, qui a été rétablie, il y a quelques années, et transportée au 8 mai. Cette chapelle, déjà tombée en ruines en l'année 1628, du temps d'un nommé Juton, qui était alors prieur de la paroisse, fut reconstruite, en 1637, par M. Jean Lemée, prêtre, prieur de Vriz, et bénite par lui, le 11 novembre de la même année. Il y avait été condamné par sentence de Nantes et arrêt du parlement de Rennes, attendu qu'elle dépendait de son prieuré. Elle a été détruite en 1834, par les propriétaires du terrain. Il y en avait une autre à Préfouré, sous l'invocation de saint Philippe : elle avait été bâtie en 1588 et elle fut détruite en 1789.

En 1637, le lundi 10 août, il passa par Candé une chaîne de quarante-cinq forçats et un à cheval, qui était de bonne maison. Dans ce nombre se trouvaient sept Turcs, qui avaient été pris à Saint-Malo, en un vaisseau d'écumeurs de mer, qui fut également pris.

Le dimanche 31 septembre, M. de la Basse-Rivière, de Sainte-Gemmes, capitaine de cent soldats, a fait publier qu'il lui était enjoint de lever sa compagnie ès paroisses de Candé, Segré, le Lion-d'Angers, Sainte-Gemmes, Loiré et Gené. En cette année, il y a eu, grâce à Dieu, des biens en abondance de toutes sortes. Le blé vaut 13 sols le boisseau, le froment 16 sols. On ne trouve quasi pas de tonneaux à mettre le vin : il s'en est vendu, aux lieux où sont les vendanges, 4 livres la pipe, vide. Le foin est fort cher. Il y en a si peu, que ceux qui ont du bétail cherchent à le vendre. La charretée de foin se vend 30 livres, et encore on n'en trouve pas.

DIMES SUR LES PEAUX

Le jeudi 21 mars 1641, il est venu à Candé des huissiers pour faire la visite chez les tanneurs, pelletiers, mégissiers, pour les dîmes, évaluées par peau de bœuf 3 sols, par peau de vache 2 sols, par peau de veau 4 deniers, par peau de mouton 3 deniers. Christophe Leroux, tanneur, a payé 90 livres pour les trois années dernières. *(Jacques Valuche, folio 41.)*

Le dimanche 20 juin 1649, il n'a point été dit de grand'messe ni de vêpres à Saint-Denis de Candé, parce que le curé était fâché que les héritiers de Messire François Lefrançois, curé d'Angrie, décédé le onze mai dernier, l'avaient fait assigner à leur payer 18 livres 6 sols 8 deniers, pour la tierce partie des dixmes de Candé. On pouvait avoir recours aux moines de Saint-Nicolas pour avoir le débornement du fief. *(Registres de Candé.)*

Le 27 août 1654, il a logé à Candé trente-huit captifs, qui ont été rachetés des Turcs, par les moines de la Charité. Il y avait avec eux un moine des Mathurins, de Châteaubriant, qui les conduisait à Paris.

Le lundi 18 mars 1655, il fit une pluie de sang à Bouillé, proche les murailles du château. La servante du fermier, menant ses bestiaux au champ durant une grande nuée de pluie, vit tomber du sang sur elle et vit des pierres contre terre ensanglantées, et, quand elle fut au logis, sa coiffe était aussi ensanglantée. On alla voir contre ledit château des pierres qui étaient sanglantes ; M. le curé en ramassa, avec la dite coiffe de la servante, pour justifier la vérité. (*Jacques Valuche, 178.*) Pareille chose est arrivée en Italie.

QUATRE MAITRES BOUCHERS INSTITUÉS

Le 10 juin 1661, M. Chostart, intendant, étant à Candé, a installé quatre bouchers au dit Candé, savoir : René Bouet, Gatien Grénon, Jean Davy et Antoine Combre, et leur a baillé à chacun une lettre en parchemin scellée et signée de M. le prince Louis de Bourbon, à Paris, le 25 avril dernier. Son défunt prédécesseur en avait installé quatre en l'année 1638, qui sont décédés. Les lettres ne sont pas héréditaires ; quand un desdits bouchers meurt, ses enfants n'héritent pas des dites lettres.

LA FOUDRE TOMBÉE A CANDÉ

Le vendredi 24 juin 1661, sur les trois heures après-midi, il se leva un grand orage, des éclairs et de la pluie, lequel tonnerre tomba en feu, au carrefour du marché de Candé, où tenait la foire. Le feu, roulant par la rue, entra par une porte dans une maison, monta par la cheminée et retomba sur ladite maison ; en un instant, le feu prit par toute la charpente. Il y avait grande abondance de peuple à cause de la foire ; on monta au grenier avec force eau, et, même malgré la pluie qui tombait du ciel, le feu n'en flambait que davantage. M. le curé de Saint-Denis apporta le saint Sacrement en grande solennité, assisté de ses chapelains, en chantant le *Miserere ; Pange, lingua,* et autres, tenant le saint Sacrement au-devant du logis. Incontinent, le feu s'apaisa. Il passa le saint Sacrement vers galerne, où il fit chanter les *litanies des Saints et des saluts de la Vierge*; incontinent le feu s'apaisa partout. Il reporta le saint Sacrement à Saint-Denis, en grande solennité, assisté de plus de 300 personnes, tant de Candé que des paroisses circonvoisines, en chantant le *Te, Deum* ; *Ave, maris stella.* Il y eut aussi un salut. (*Jacques Valuche, fol. 93.*)

DÉCÈS DE JACQUES VALUCHE

En 1662, le 27 mars, fut inhumé, au-devant de la grande porte de l'église de Saint-Denis, le corps d'honneste personne Jacques Valuche, homme de grande probité, âgé de soixante-quatre ans, mari de Jeanne Moquehan. L'acte mortuaire est signé Girault, curé de Candé.

Le grand hiver de 1663 a été fort froid, venteux et neigeux, et a causé une si grande rareté de légumes potagers que la livre de feuilles de choux communs a été vendue, à Angers, 20 sols.

Jacques II, roi d'Angleterre, détrôné vers 1690 par Guillaume, prince d'Orange, son gendre, se réfugia en France. On dit qu'il a passé à Candé et qu'il a couché chez M. Urbain Martineau, hôtel du Lion d'Or, rue Bourgeoise, dans la maison Gauthier, démolie par M. Cadeau, tailleur, pour y établir la belle maison actuelle. Louis XIII, roi de France, son beau-père, voulut travailler à son rétablissement; il n'y put réussir.

PRÉDICTION D'UN GRAND HIVER

Lorsqu'on voit à la Toussaint, dans toutes les haies de la campagne, beaucoup de fruits, comme des prunelles, des mûres, des poires dites vulgairement *poires de oui-oui*, on est à peu près sûr que l'hiver sera long et froid. Les oiseaux, pour y survivre, sont obligés de chercher dans les fossés ce qui a pu y tomber, par instinct de nature.

En 1771, les trois cloches de Saint-Denis ont été refondues. La 1re pesait 1212 livres, la 2me 874 livres, et la 3me 645 livres. La paroisse en était redevable à la diligence et aux soins de M. Huard, docteur en médecine, procureur du Roi au grenier à sel et procureur de fabrique. Le retable du chœur et le grand autel, qui s'appliquait au chevet, étaient véritablement remarquables de style et d'élégance. Les retables d'Angrie et de Maumusson étaient pareils, et probablement du même auteur, ainsi que le fameux cadran placé au-devant de la maison de Mme Brossaie, rue du Jeu-de-Paume, à Candé.

Ce même M. Huard, Louis-Jean-Baptiste, procureur du Roi au grenier à sel de Candé, arrenta pour 120 livres la maison et jardin de la rue aux Moines, en l'année 1776. L'année d'après, il la céda à M. François-Pierre-Edin de la Touche, notaire à Candé.

Le 22 mars 1778, le tonnerre est tombé, vers sept heures et demie du soir, sur le haut du clocher de Saint-Denis, qui a brûlé une partie de l'aiguille, qu'on a été obligé de scier après l'avoir découverte, dans la crainte d'un plus grand incendie. Le feu n'a été totalement éteint qu'à minuit. Un nommé Brétault, boucher, Grande-Rue, à Candé, qui avait vu cet incendie, me l'a raconté tel qu'il est décrit ci-dessus.

Au XVIIe et au XVIIIe siècle, l'acquéreur d'un bien quelconque se rendait sur les lieux avec le notaire, accompagné de deux témoins, et, après la lecture de l'acte et les signatures, l'acquéreur faisait sa prise de possession ainsi qu'il suit : Arracher de l'herbe, faire émotion de terre, couper des branches d'arbre ; dans les jardins, cueillir des légumes potagers et faire tous autres actes dénotant une vraie et réelle prise de possession sans trouble ni opposition de qui que ce soit.

Le 19 juillet 1707, la chaleur fut si grande qu'elle fut au dernier degré, ce qui causa en bien des endroits des morts subites. Il mourut, en ce temps-là, quantité de personnes : les uns en coupant les blés, les autres en les battant, et quantité de bestiaux. Cette chaleur engendra la dyssenterie.

Il a été fait, en 1720, un curieux inventaire, à la Bucherie, en Vriz, pour le mineur Cattier, par Denis Ravain, greffier ; les priseurs étaient Jacques Macautt et Gratien Alan :

Article 1er. — Deux bœufs en trois ans, estimés 50 livres.

Art. 2e. — Deux autres bœufs plus jeunes, estimés 48 livres.

Art. 3e. — Un autre petit bœuf en trois ans, estimé 18 livres.

Art. 4e. — Un petit cheval, estimé 15 livres.

Art. 5e. — Cinq boisseaux de seigle, mesure de Candé, estimés à 18 sols, 4 livres 10 sols.

Il est inutile de dire davantage. La minute est signée Ravain, greffier.

GRAND HIVER DE 1789

L'histoire n'a pas d'exemple d'hiver aussi long, aussi froid, aussi constant. Le 24 novembre 1788, la gelée commença à se manifester par un vent d'est-nord-est et par un ciel serein ; depuis ce jour, le froid alla en augmentant, et il gela à toutes les heures du jour et de la nuit, jusqu'au 25 décembre. Alors un faux dégel, étant survenu, fit fondre une grande partie de la neige, dont la terre était couverte, de quatre pouces au moins (douze centimètres) d'épaisseur ; mais la gelée reprit deux jours après, avec la même force qu'auparavant. Dès le 26 novembre, les rivières, entre autres la Loire, se trouvaient gelées ; elles le furent plus complètement qu'elles ne l'avaient été en 1776. L'épaisseur de la glace était de 14 pouces (trente-huit centimètres), tellement qu'on passait sur la Loire avec bœufs et charrettes chargées. Le froid, qui dura depuis le 22 novembre 1788 jusqu'au 13 janvier 1789, porta sa rigueur à des degrés plus grands et plus constants qu'en 1776 : le plus grand froid, en 1776, avait été observé à seize degrés un quart, celui du 31 novembre 1789 le surpassa de deux degrés et demi. Il y eut une grande destruction de gibier de toutes espèces, à Candé, les enfants abattant les perdrix et les merles à coups de bonnet. Mon oncle Perron, Jean, qui était de ce temps-là, m'a dit qu'il s'en faisait fête.

A Angers, les perdrix rouges ne valaient que 5 et 6 sols, et tout le gibier à proportion ; le bois de corde se vendait depuis 50 jusqu'à 80 livres la corde ; la bourrée, 12 et 14 sols la pièce ; le charbon, 35 sols le boisseau. Le froid, venu inopinément, fit périr les légumes dans les jardins, le poisson en grande partie dans les étangs et les rivières. Heureusement, les bestiaux n'ont pas souffert, parce que l'été dernier avait donné beaucoup de foin : les ensemencés n'ont point souffert, la terre étant très sèche quand le froid a commencé.

Cette année 1789 a été médiocre en grain, il y a eu peu de vin et encore n'avait-il pas de qualité. En revanche, on a cueilli du cidre en abondance.

Le 24 janvier 1789, la Loire qui était embarrassée par les glaces depuis le 24 novembre, a rompu les ponts de Tours, d'Amboise, d'Orléans et des Ponts-de-Cé. Le froid a été, dit-on, plus excessif qu'en 1709. Les vignes anciennes et non couvertes par la neige sont presques toutes gelées. En ce temps-là, aux environs de Candé, il y avait des vignes à peu près dans toutes les fermes ; la preuve, c'est qu'il y a toujours un champ qui a nom la Vigne. (*Revue d'Anjou.*)

En 1776, à la place où sont les maisons Jolivet-Naslin, à Candé, entre le champ de foire et la rue de la Poulaillerie, il y avait une petite ferme nommée la Briantaie, appartenant en ce temps-là à M. René Forêt. (*Chartrier de Candé.*)

Usages anciens dans les partages, en vertu desquels on laissait indivis quelques prés. On les partageait en autant de portions qu'on était d'héritiers : celui qui tombait à la première portion prenait l'année d'après la seconde, ainsi de suite. Ce changement s'appelait entresault, mais ainsi on ne faisait aucune amélioration dans les prés. J'en ai encore trouvé partagés de cette manière sur les bords de la Loire. En Bretagne, le partage se faisait par sillon, ce qui faisait que souvent les plus avisés, au bout d'un certain temps, avaient un sillon de plus, ou leurs sillons étaient plus gros que ceux de leurs voisins. On divisait les jardins par planches ; on divisait ainsi jusqu'aux maisons. J'ai fait le partage des fermes de la Rocheberdière, du Pin, pour la famille Maussion, de Saint-Florent, dont fait partie Mme Gauthier, André. Nous avons trouvé dans une maison une partie d'environ deux mètres de largeur, au milieu, entre deux poutres, qui appartenait à M. Lincoln, président des Etats-Unis d'Amérique, dont M. Maussion payait vingt francs de ferme. M. Lincoln ne voulait pas s'en dessaisir, et, aujourd'hui encore, il se trouve une cheminée, dans une maison de ces mêmes fermes, dont M. et Mme Gauthier payent six francs de fermage. Une très mauvaise mode encore, c'était de partager les maisons par étage, c'est-à-dire, un avait la cave et l'autre le plancher au-dessus ou le grenier. Cela se voit encore à Candé, mais devient rare.

En 1784, M. Morin, curé de Freigné, gratifia son église d'une belle horloge, vendue par M. Elie Hamon, horloger, au Moulinet, en Vriz.

UN DICTON, SUR LE GRAND CHAMP DE CROTTIER, EN FREIGNÉ

Avant la Révolution, ce champ produisait, comme tous les autres champs voisins, beaucoup de genêts. Il y avait une voyette du côté du chemin, trop mauvais pour les gens de pied. Un jour, des malins avaient lié des genêts par la cime, en plusieurs endroits, et barré ainsi le passage, si bien que, ce jour-là, un moine des Augustins de Candé, étant allé dîner à Freigné et s'en revenant par ce champ, fit deux ou trois fois la culbute et en fut tellement mortifié, qu'il conjura les genêts pour toujours. Depuis ce temps-là, on n'a jamais revu de genêts dans ce champ ; mais, en 1831, ce champ ayant été traversé par une route stratégique, il en a poussé, mais seulement sur le rejet des fossés neufs.

Ce champ avait autant de sillons qu'il y a de jours dans l'année, autant de pommiers qu'il y a de semaines, et autant de journeaux qu'il y a de mois.

L'ancien Candé ayant été brûlé et ayant souffert dans tous les temps, il s'en est suivi que, pendant bien des années, on a vendu la terre des cours et jardins au boisseau, comme engrais, parce qu'elle contenait beaucoup de salpêtre, et le dit champ de Crottier en a eu sa bonne part. En ce temps, on ne semait que du seigle et le fermier de Crottier le vendait pour semence, comme étant le plus beau du pays, ainsi que celui du Chêne-d'Erdre.

M. de la Bénardais, propriétaire de Villegonthier, fut averti un jour par son jardinier que ses légumes étaient volés dans son jardin. Au lieu de dire à son garde de surveiller le jardin, il alla lui-même, la nuit, s'installer, avec son fusil, dans un carré de pois, si bien qu'un soir, vers minuit, un individu, qu'il reconnut de suite, entra dans le jardin, muni d'une poche et fit deux têtes, comme un chat qui a peur. Ne voyant rien et se croyant en sûreté, il s'avança et commença à remplir sa poche de tout ce qui lui convenait le mieux. M. de la Bénardais était caché non loin d'un carré de choux, sur lequel il avait compté ; enfin le voleur y arriva, pour finir sa pochée. M. de la Bénardais, à qui il répugnait de faire du mal à un aussi honnête homme, attendit qu'il fût tourné et lui déchargea son fusil dans le derrière. Holà ! holà !

dit-il, et il se sauva. Le lendemain matin, il fut chez cet individu, sous prétexte d'avoir à lui faire faire une commission très pressée. Trouvant la femme à la porte de la maison, il lui demanda où était son mari. Oh ! Monsieur, il est au lit bien malade. Sur ce, il entra et lui demanda ce qu'il avait. Il lui répondit qu'il avait souffert toute la nuit d'une colique affreuse. M. de la Bénardais, en sortant, dit à sa femme : Soyez sans inquiétude, Madame, il sera bientôt guéri, car ce n'était que de la petite cendrée. (*Avis aux propriétaires.*)

En 1831, lors du choléra en France, l'instituteur communal de Candé seul en fut atteint; il s'en guérit, mais sa mère, qui le soignait, fut aussitôt attaquée et en mourut. Ce fut le seul cas dans le pays.

En 1836, à l'hôpital de Candé, il est entré deux cent quatre-vingt treize malades, dont plus de la moitié atteints de la dyssenterie adynamique, qui a régné épidémiquement dans le cours de l'année. Deux cent soixante-douze en sont sortis, il en est mort trente et un, presque le dixième.

En 1824, lors de la construction du chœur de Candé, en l'église de Saint-Denis, M. le curé Baugé, qui pensait à tout, s'avisa de faire une procession uniquement pour apporter des pierres de la carrière, située sur la grée Saint-Jacques, disant que ce souvenir en serait précieux plus tard pour les enfants. Il s'y trouva pas mal de monde. C'était curieux de voir les hommes chargés de pierres et les femmes, à plein leurs tabliers, arriver à l'église; nous autres jeunes gens, nous les avons montées sur les échafaudages. Il y en avait au moins huit mètres. On reconnut là la ruse du bon curé : ses maçons manquaient de pierres pour le lendemain.

SAINT REGNAULD, ERMITE A MÉLINAIS

D'après la tradition immémoriale de l'ordre de Fontevrault, appuyée sur plusieurs monuments historiques et adoptée par tous les écrivains de l'Anjou, saint Regnauld fut l'un de ces solitaires de la forêt de Craon qui, après le départ de leur maître commun Robert d'Arbrissel, allèrent chercher dans les contrées environnantes des retraites plus ignorées et plus profondes.

Il était né en Picardie, disent les chroniques de l'abbaye de Mélinais, et il était entré jeune encore dans un couvent, à Soissons; mais son âme, avide de mortifications, ne put trouver la paix dans la voie large, bien que régulière, des chanoines ses confrères. Son esprit était agité par ces fluctuations intérieures, lorsque la renommée vint lui raconter des choses merveilleuses de Robert d'Arbrissel et des solitaires de la forêt de Craon. Dès lors, ses incertitudes cessèrent, et il prit aussitôt la résolution d'aller partager les travaux et les mérites des habitants de la nouvelle

Thébaïde. Il cherchait l'obscurité et l'oubli des hommes, il rencontra l'un et l'autre ; car, à partir de ce moment, l'histoire nous apprend à peine une seule particularité sur sa destinée, à savoir qu'il se retira dans une solitude profonde, nommée Mélinais, sur les terres du prieuré de Sainte-Colombe, à quelque distance de la Flèche, et qu'il y vécut et y mourut en odeur de sainteté, entouré de quelques disciples, qui avaient voulu le suivre dans ce désert. On ignore l'année précise de son trépas, qui arriva le 17 septembre. Une chronique presque contemporaine nous apprend qu'en 1103, il était célèbre dans l'Anjou, la Touraine, le Maine et le Poitou.

Cependant il fallait, d'après la parole du Sauveur, que cette terre, témoin des abaissements de saint Regnauld, devînt le théâtre de son exaltation et de son triomphe. Henri II, roi d'Angleterre, duc de Normandie et comte d'Anjou et du Maine, fut l'homme destiné par la providence pour donner l'accroissement au germe fécond déposé par le serviteur de Dieu. Vers le commencement de son règne, à peu près à l'époque de la fondation de l'Hôtel-Dieu d'Angers, il eut la dévotion d'honorer les restes vénérés du saint ermite de Mélinais, en élevant sur sa tombe un monument religieux qui perpétuât sa mémoire dans le pays. De ce projet sortit la création de l'abbaye de Mélinais, sous la règle des chanoines réguliers, sur le modèle des religieux de la Roë. En

1182, les bâtiments et l'église étaient achevés, le monastère doté et habité par une communauté assez nombreuse. Par une bulle datée de cette année, le pape Lucien III apposa à cette œuvre déjà établie la haute sanction de l'approbation pontificale, et, un an après, Raoul de Beaumont, évêque d'Angers, en confirmait toutes les possessions acquises.

Mais revenons à saint Regnauld, que nous avons laissé reposant sous la pierre de son tombeau vénéré. Les fébricitants surtout, les femmes stériles, et ceux qui ne pouvaient retrouver les objets qu'ils avaient perdus, venaient l'invoquer avec une confiance presque toujours couronnée de succès. Il avait été enterré dans son oratoire, dédié à la sainte Vierge, mais qui, par suite de la dévotion populaire, ne tarda pas à recevoir le nom de chapelle Saint-Regnauld.

Le ciel, de son côté, paraissait vouloir, par de nouveaux prodiges, ajouter sa divine sanction à celle de l'autorité de l'Eglise en faveur de notre bienheureux. Enfin se levèrent les jours funestes de la Révolution : les chanoines de Mélinais furent condamnés à prendre le chemin de l'exil, et le prêtre intrus de la paroisse de Sainte-Colombe, voisine de l'abbaye, s'empara de la châsse vénérée, dans l'espoir de se donner, par là, de la considération dans le pays. Mais ayant été chassé lui-même quelque temps après, les saintes reliques furent soustraites à la profanation par un habitant du village, qui les emporta clandestinement dans sa maison.

D'après une relation officielle, il rendit intact, lors de la paix de l'Eglise, le dépôt qu'il avait sauvegardé; mais le second curé de Sainte-Colombe, après la tourmente, n'eut pas le même respect, il relégua les ossements sacrés dans un coin de la sacristie.

Les choses demeurèrent en cet état jusqu'en 1829, époque à laquelle M. Baugé, curé de Candé, sut, par une habile négociation, s'emparer, au profit de sa paroisse, de ce riche trésor si indignement méprisé. Nul ne méritait mieux que ce respectable doyen du clergé de l'Anjou de rétablir le culte d'un saint de cette province. Avec la science hagiographique qu'il possédait si bien, il n'eut pas de peine à démontrer, au moyen du procès-verbal de 1653, la parfaite authenticité des reliques renfermées dans la châsse dont il venait de faire l'acquisition. Elles étaient encore contenues dans les mêmes taffetas qu'au XVIIe siècle; c'étaient les mêmes ossements, et en aussi grande quantité. La parfaite identité entre l'enquête du 7 septembre 1829 et celle du 3 septembre 1652 était de nature à satisfaire les plus incrédules.

La translation solennelle, après un second examen préalable, à l'évêché, eut lieu le 5 juillet 1830. La châsse avait été déposée à la chapelle de la Saulaie, le 5 juillet, le jour même de la prise d'Alger. On fut en procession chercher ces reliques, une grande partie des habitants de Candé et des environs y assistaient. On trouva dans les allées du château de la Saulaie les processions de Freigné, de Vriz, de la Cornuaille et d'Angrie, en sorte que le défilé occupait une grande partie du chemin de la Saulaie à Saint-Denis. C'est un chanoine d'Angers qui fit la translation.

Saint Regnauld contemplait avec tendresse, du haut du ciel, toute cette population chrétienne, et, le jour même de la translation de sa mortelle dépouille, il en donna une preuve éclatante.

Un enfant de trois ans, nommé Pignet, natif de Candé même, et qui ne marchait qu'à l'aide de deux petites béquilles, fut apporté par sa mère dans l'allée du château de la Saulaie. Lorsque la procession passa devant cette mère désolée, M. Baugé, curé de Candé, et M. Gentilhomme, curé de Gresillé, prirent l'enfant estropié, le placèrent un instant sur le reliquaire et le rendirent à sa mère. Celle-ci le rapporta très fatigué dans sa maison et s'empressa de le mettre au lit. Bientôt un doux sommeil le saisit; puis, tout à coup, se réveillant en sursaut : « Maman, s'écria-t-il avec la naïveté de son âge, je suis guéri, le Saint me l'a dit. » En effet, il se leva aussitôt et se mit à courir sur le pré Saint-Jean, situé près la ville de Candé. Depuis lors, sa santé s'est de plus en plus fortifiée, et, en mémoire de cet événement merveilleux, les habitants de Candé, comme de concert, imposèrent à cet enfant le nom de Regnauld. Plusieurs autres faits non moins extraordinaires ont été constatés par le digne curé de Candé, en sorte que le pays a voué à notre saint ermite une dévotion spéciale. On en célèbre la fête avec solennité dans l'église de Candé, le deuxième dimanche du mois d'août ; on a érigé un superbe autel dans sa chapelle. (*Dom Chamard, tome II.*)

TONNERRE TOMBÉ AUX AUGUSTINS DE CANDÉ

Vers 1843, la foudre tomba aux Augustins, sur l'ancien cloître, au bout du bâtiment, à l'ouest. Il tomba sur la cheminée double, qu'il sépara en deux, enleva environ quatre mètres carrés de couverture et se divisa : une partie descendit le long du pignon, en y laissant une trace à la muraille et tua un porc qui se trouvait dans un refuge, le long du mur. Une partie fit un trou au plancher, s'empara d'une lanterne en passant sur une armoire et alla la briser à l'autre bout de la chambre, sur un lit où était couché un individu, qui n'eut pas le moindre mal. Il y avait à cette chambre deux fenêtres dont les carreaux furent brisés et le mastic enlevé aussi proprement qu'aurait pu le faire le vitrier. Une troisième partie tomba dans une petite fenêtre, au rez-de-chaussée ; là se trouvait, dans l'embrasure, un petit lit d'enfant, où étaient couchés deux petits garçons : la foudre défonça le mur sous le jet d'eau, jeta sur le lit une grande quantité de vidanges, trouva un broc debout, s'y accrocha et, suivant le manche, passa sous le lit, et les enfants furent sauvés. Ce qui prouve qu'on devrait toujours avoir à côté de son lit une barre de fer, placée verticalement, pour servir, en pareil cas, de direction à la foudre.

COMICE AGRICOLE DE CANDÉ

Le Comice agricole du canton de Candé a été établi en 1850. Le concours a lieu le 8 septembre de chaque année, sur la prairie de la Porte, située près le pont de Beaulieu.

M. Lefaucheux de la Cadorais, président du Comice, fait toujours un discours sur l'agriculture, dont je m'empresse de rapporter quelques passages :

DISCOURS DU 8 SEPTEMBRE 1873

Messieurs, rassurez-vous, je ne veux point faire un long discours, je n'ai que quelques paroles seulement à vous dire. Je veux vous expliquer en deux mots comment nous avons été amenés à faire ce que nous faisons aujourd'hui. En 1870, notre concours annuel n'a pas eu lieu, pour des raisons de force majeure que vous connaissez tous. En 1871, nous avons distribué nos primes de la façon la plus simple et la plus modeste. Notre malheureux pays venait de passer par les épreuves les plus terribles, les plus douloureuses. La France était envahie, le deuil et les larmes étaient dans tous les cœurs, l'agriculture et les comices ne pouvaient se réjouir.

Aujourd'hui, Messieurs, les choses ont bien changé. Encore quelques jours, quelques jours seulement, et les derniers Prussiens auront pour toujours, espérons-le, quitté définitivement le sol de la France.

Aussi les cœurs se sentent soulagés, ils respirent plus libres, plus heureux, et les fêtes publiques s'organisent de tous les côtés : Ancenis, Châteaubriant, Pouancé, Cholet, ont des affiches qui couvrent tous les murs ; aujourd'hui même Chemillé a sa cavalcade.

La commission chargée par notre Comice d'organiser la fête du 8 septembre a pensé que nous devions, nous aussi, faire plus que les années précédentes et donner un peu de solennité à notre distribution des primes. Que faire ? Là était la question.

CAVALCADE HISTORIQUE A CANDÉ

Une cavalcade historique a été proposée ; mais, pour organiser une cavalcade, Messieurs, il faut de l'argent et des hommes de bonne volonté. La caisse du Comice ne pouvait fournir les sommes nécessaires, il fallait absolument s'adresser ailleurs. Nous avons eu l'heureuse fortune de trouver plusieurs personnes pleines de zèle et de dévouement, qui ont bien voulu se sacrifier, — car c'était un véritable sacrifice en pareille circonstance, — et qui nous ont dit : Nous voulons bien nous charger de préparer et conduire une cavalcade, nous ferons tout ce qu'il sera humainement possible de faire pour réussir. C'était prendre une lourde charge, assurément. Mais la population a paru très satisfaite de voir les préparatifs de la fête proposée. Les habitants de Candé et des communes voisines ont largement répondu à l'appel qui leur a été adressé, et nos commissaires ont pu, dans quelques jours, improviser la cavalcade que nous allons voir tout à l'heure.

Nous n'avons pas, Messieurs, vous le pensez bien, la prétention de rivaliser avec Nantes, Angers, avec Paris : nos moyens, nos ressources, ne le permettent point. Nous n'avons pas d'ailleurs l'honneur de recevoir le shah de Perse à Candé, nous recevons simplement la duchesse Anne de Bretagne, alors qu'elle était jeune fille, très recherchée, à raison du beau duché qu'elle devait apporter en dot à son futur époux.

Nous la recevons avec sa suite, ses pages, ses écuyers, ses mousquetaires, avec les chars de l'Agriculture et de l'Industrie. Quel a été notre but ? Qu'avons-nous voulu faire ? Appeler la foule à Candé, parce que la foule, en pareil cas, semblable à la pluie qui féconde la terre, laisse toujours d'heureuses traces derrière elle. Si nous pouvons faire du bien à quelques-uns, donner du plaisir à tous, notre but sera atteint et nous serons satisfaits. Comme nous voulons que personne ne soit oublié aujourd'hui, une quête va être faite au profit des pauvres. Quel que soit le résultat, Messieurs, n'oublions pas que l'organisation et la réussite de la fête la plus simple demandent des efforts persistants, un zèle et un dévouement à l'abri de toute faiblesse. Je ne veux citer particulièrement personne, mais je crois être ici l'interprète de la population tout entière, en disant que nous devons de la reconnaissance et des remerciements à tous ceux qui, aujourd'hui comme les jours précédents, sous une forme ou sous une autre, ont bien voulu nous prêter leur utile et généreux concours. Un dernier mot et je finis. Permettez-moi, Messieurs, de féliciter tous les exposants de notre canton. Jamais peut-être cette prairie n'avait vu une aussi belle réunion d'animaux. Cela prouve que si, dans les jours de malheur, trahis par la fortune, accablés par le nombre, nous avons pu succomber sur les champs de bataille, nous sommes forts encore cependant et pouvons nous montrer avec avantage dans les luttes pacifiques de l'agriculture.

M. LETORT, DOCTEUR

Extrait du discours prononcé au Concours agricole de Candé, le 8 septembre 1881.

Il me reste, Messieurs, un devoir bien pénible à remplir ; il me reste à vous parler de notre collègue et vice-président, le docteur Letort, mort il y a quelques jours à peine. Je ne puis, Messieurs, m'étendre ici comme je le voudrais sur cette vie si longue et si dignement remplie ; cependant, permettez-moi de vous dire quelques mots, de vous parler aussi brièvement que possible de notre cher et bien regretté collègue.

Le docteur Letort était né à Saint-Mars-la-Jaille, le 3 novembre 1806. Il avait à peine 35 ans, lorsqu'il vint s'établir à Candé.

M. Letort n'était point un médecin ordinaire. Il avait de l'étude et du tact ; mais il avait surtout un talent tout particulier pour reconnaître les maladies par leurs symptômes : c'est ce qu'on appelle, en termes de médecine, je crois, le diagnostic. Arrivé près du malade, il l'observait avec attention, il le regardait avec ces yeux noirs et brillants que vous vous rappelez tous. Au bout de quelques minutes, il pouvait dire : « Je connais le mal, je le combattrai, je le vaincrai. »

Le docteur Letort fut administrateur de l'hospice pendant plus de 30 ans; il fut membre du Conseil municipal et maire; il aurait pu devenir député, il ne le voulut pas. Il était maire encore quand, un jour, en sortant de l'hospice, la mort, par un coup terrible, lui annonça que sa dernière heure approchait.

En 1869, la croix de la Légion d'honneur brilla sur sa poitrine et vint récompenser ses longs et glorieux quoique modestes services. Vous battiez tous des mains, le 8 septembre, quand je lui dis : Chevalier, entrez hardiment dans le corps d'élite où l'on vous appelle, et portez sans crainte ce signe de l'honneur que le gouvernement vous donne ; vous l'avez mérité.

Le docteur aimait aussi l'agriculture, il fut longtemps vice-président de notre Comice.

COMICE AGRICOLE DE CANDÉ

Extrait du discours de M. le président Lefaucheux de la Cadorais, au concours du 8 septembre 1884.

Messieurs,

La mort a été bien dure et bien cruelle pour nous cette année. Jamais nous n'avions vu ses coups se répéter avec une telle persistance. Elle a enlevé successivement M. Sauvager, le doyen des vétérinaires de France; M. Allain Targé père, un des fondateurs de notre Comice; MM. Fernand d'Arthuys et Noury, dans la force de l'âge; M. Emile Gaudin, l'homme aimable que vous avez vu à cette place il y a deux ans, un ami sincère et dévoué de l'agriculture, qui traitait si bien à la Chambre les graves questions d'affaires et savait se faire aimer et estimer de tous ses collègues, même de ses adversaires politiques, ainsi que l'a déclaré hautement M. le président Brisson. Dernièrement, elle emportait presque en même temps un des plus beaux noms de France, Mme la comtesse de la Rochefoucauld-Bayers, et son fermier, Ferron, de la Roirie.

Mort terrible, qui frappe toujours d'un pied la demeure du pauvre et le palais des rois.

Le canton de Candé était considéré comme le plus arriéré du département. On vantait la culture de Craon, de Château-Gontier; mais Candé, cela semblait un coin noir de la Basse-Bretagne ou de l'Auvergne; le durham était inconnu, le seigle couvrait plus de la moitié des terres, on battait au fléau ou l'on se servait du rouleau de granit. Quand les premières machines parurent, beaucoup de voix s'écrièrent: Cela ne prendra pas.

Et maintenant, Messieurs, quelle différence! Nos animaux égalent ceux de Segré, de Craon, de Château-Gontier: les croisements durham ont complètement transformé nos vieilles races mancelle et bretonne. Mme veuve Maguit-Dupré veut bien exposer une belle et grande variété d'instruments agricoles, qui prouvent que nous ne sommes plus le pays arriéré d'autrefois ; pour la culture de la terre, je suis fier de pouvoir le dire comme votre président , vous valez certainement les meilleurs fermiers de la Mayenne et de la Vendée.

Je crois pouvoir ajouter que notre Comice n'est point étranger à cette heureuse et utile transformation.

Je finis en vous rappelant mes paroles de l'an dernier : Ménagez vos terres, mes amis, revenez aux labours de saison.

PIÈCES GAULOISES EN OR DE LA MÉNOTAIE.

En 1861, au mois de novembre, dans la lande de la Ménotaie, en la commune de la Potherie, dans un champ appartenant au sieur Gardais, en effeuillant des choux, le fils Gardais et la domestique de son père ont découvert un pot de terre tombant en poussière, dans lequel il y avait cent dix pièces d'or, d'une valeur de quinze francs chacune et qui ont été vendues bien davantage, à cause de leur rareté. Ces pièces n'étaient pas rondes ; d'un côté, on voyait une tête d'homme, les cheveux épars, surmontés d'une branche de chêne, et, de l'autre côté, un cavalier ayant un homme par terre, sous les pieds de son cheval.

Nous lisons dans le Bulletin de la Société archéologique de Nantes la note suivante :

Au mois de novembre dernier, 1861, en arrachant des choux, dans un champ de la commune de la Potherie, près Candé (Maine-et-Loire), une servante découvrit cent vingt statères d'or au type armoricain. Ces monnaies gauloises, dont l'émission est antérieure de deux siècles à la conquête romaine, appartiennent toutes aux Nannètes ; leur conservation est fort bonne, leur poids est de sept grammes cinquante et leur valeur intrinsèque de 14 à 15 francs, l'or étant à un titre assez bas. Voici la description de ces pièces :

D. — Tête radiée d'Apollon Belenus, tournée à droite ; des cordons perlés partant des cheveux rattachant quatre petites têtes humaines ; devant la face, l'arc de Dieu.

R. — Pompe héliaque, Auriga, dans un char, conduit par un cheval androcéphale, galopant à droite; au-dessous, génie debout, les bras étendus horizontalement, vu à mi-cops et placé sur un arc.

OURAGAN TERRIBLE A CANDÉ

Je suis parti, le matin du 6 mai 1862, à pied, comme à mon habitude, pour aller faire un inventaire et une estimation de biens à Chazé-sur-Argos. Dans l'après-midi, le temps s'est couvert, il est tombé de la pluie à Chazé, par un grand vent, mais rien de plus. Le soir, en arrivant à Candé, je vis sur la grée Saint-Jean une partie des maisons découvertes et une grande quantité de vitres cassées. (J'ai eu pour ma part, soit à Candé, soit à la Veillais, quatre-vingt-dix-neuf carreaux de vitres cassés.) Dès le lendemain, je fus chargé par les intéressés d'estimer les dégâts dans tous les champs, en commençant par Villegontier, la Rivière, la Brocherie, la Botterie. Ce qui m'a paru le plus extraordinaire, c'est le champ de la Botterie, qui se trouve placé au versant du midi sur les Tertres : la nuée n'avait pu franchir la butte et avait tourné par la moitié du champ, en traçant ses dégâts par une ligne presque droite de l'ouest à l'est, en se dirigeant sur Candé. Les grains, en partie épiés, ont été perdus partout où la nuée avait porté. Huit jours après, la paille avait une odeur insupportable, on n'a pas pu s'en servir comme litière. Il avait tombé des grêlons gros comme des œufs, beaucoup d'oiseaux, de lièvres et de perdrix y avaient péri.

CHASSE AU CHEVREUIL DANS CANDÉ

En 1874, le 1er mai, il vint un chevreuil à Candé. J'ai toujours entendu dire que pour faire un civet il fallait un lièvre ; de même, pour faire la chasse au chevreuil, il faut un chevreuil, et pour cela il s'en est trouvé un de bonne volonté.

Vendredi dernier 1er mai 1874, un chevreuil, c'était un brocart de deux ans, fut pris du désir de voyager et de voir le monde. Il partit donc de grand matin, peut-être, comme l'enfant prodigue, de la maison paternelle, et vint à Candé, commença par visiter notre cimetière ; c'est peut-être pourquoi il n'eut pas de chance. Il se rendit ensuite dans la cour du bureau de la voiture publique, probablement pour prendre cette voiture pour Varades. Mais, comme il n'était que sept heures du matin, il ne voulut pas attendre ; ayant aperçu la maîtresse de l'hôtel, qui accourait pour fermer le portail de sa cour, il fut plus prompt qu'elle et sortit. Il se décida alors à partir à pied pour Varades. Arrivé sur la route de Beaulieu, vers la moitié de la rue, il fut menacé par plusieurs personnes qui lui barrèrent le passage. Il regretta ses forêts et se décida à prendre les chemins de traverse ; il se lança dans nos jardins et traversa la rivière de l'Erdre. Une fois dans le parc de M. Robert, où il se croyait en sûreté, — c'est alors qu'eut lieu la chasse en question, — le garde et le jardinier ont lancé les chiens sur le pied et ont fait feu plusieurs fois sur l'animal, sans pouvoir l'arrêter. Après avoir fait le tour du parc, il est revenu passer dans nos jardins, a sauté de nouveau dans la rivière et là, un voisin, M. Ravart, qui a toujours son fusil chargé pour la chasse du rat d'eau, l'a tiré de son jardin et fait tomber. Les premiers ont crié à hallali, se sont jetés à l'eau et l'ont emporté ; le pauvre Robin n'a pu aller plus loin et a manqué le train.

La maréchaussée, toujours le nez au vent, désirant être de la curée, s'est mise aussitôt sur la voie, pour tâcher de mettre les chasseurs en défaut. Chaque chasseur voulait avoir tué le chevreuil ; mais, lors de l'interrogatoire, personne ne voulait plus être le héros de la fête.

Je crois tout de même qu'ils en ont été quittes pour la peur.

VARIOLE ÉPIDÉMIQUE A CANDÉ

Au commencement de l'année 1884, une épidémie de variole sévit à Candé. Elle y fut apportée par un homme de Loiré, né Jarnigon, qui avait contracté le germe de cette maladie en faisant la métive aux environs de Château-Gonthier et qui vint mourir à l'hospice de Candé, le 28 décembre 1884. Placé dans la salle commune, parmi les fiévreux, à son entrée à l'hôpital, il n'y demeura que vingt-quatre heures. On s'empressa de l'isoler dès que l'on connut la nature de son mal. Il était déjà trop tard.

Le 3 janvier, à l'heure de la visite, la sœur infirmière fit observer au médecin que cinq des malades ou convalescents étaient en proie à une fièvre intense inaccoutumée. Aucun doute n'était possible, c'était l'invasion de la petite vérole. Le lendemain matin, les cinq étaient en pleine éruption ; et, quatre jours après, tous les autres malades étaient atteints à leur tour. Six sur onze succombèrent. La salle, infectée, devint un véritable foyer de contagion, dont les émanations souillèrent la ville.

Une des premières victimes du dehors fut un des administrateurs de l'hospice, M. Henri Noury, qui traversa un jour la salle et stationna environ une heure dans la cour voisine avec le métayer de Saint-Jean et son domestique. La sœur infirmière l'avait prévenu du danger qu'il courait; mais il ne tint pas compte de l'avertissement. Une semaine plus tard, lui et le métayer de Saint-Jean payaient de leur vie cette imprudence ; le domestique fut atteint, mais il survécut.

Dans le courant du mois de janvier, onze personnes moururent en ville, vingt et quelques autres furent frappées plus ou moins grièvement. En général, la variole se montra moins maligne chez les femmes que chez les hommes. A un moment donné, une véritable panique régna à Candé et dans la contrée avoisinante. On se faisait vacciner en foule. D'aucuns émigraient. On n'osait plus circuler dans les rues, le soir et le matin. Les foires et les marchés étaient déserts ; les gens de la banlieue et des pays voisins n'osant plus pénétrer dans nos murs, par crainte du fléau.

L'état de l'atmosphère favorisait singulièrement la propagation des miasmes délétères. Une brume épaisse et froide pesait sur la ville, à laquelle elle donnait un aspect morne et triste. Vers les derniers jours du mois, une violente bourrasque, avec pluie abondante se déchaîna sur la contrée. Elle dissipa les brouillards ; les pluies et les vents balayèrent et assainirent la cité. Dès cette date, l'épidémie déclina sensiblement.

Les plus intéressantes victimes de la terrible maladie furent les deux dernières : Jean-Marie Tremblais, du bourg de Challain, et la sœur Marie-Madeleine, de l'ordre des gardes-malades. L'un et l'autre trouvèrent la mort en accomplissant une mission de charité, et méritent, à ce titre, une mention spéciale dans cette chronique.

Jean-Marie Tremblais, du bourg de Challain, possédait l'estime et la confiance de tous ses compatriotes !!! C'était un homme juste, sérieux, travailleur, et très accessible à la pitié. Il était marié et père de quatre enfants. Il avait alors pour voisin un vieux cantonnier, nommé Loyau, qui, depuis deux mois, gisait sur son lit, torturé par une gangrène sénile du pied et de la jambe gauche. Bien que toute opération fût jugée et déclarée inutile, ce malheureux demandait comme une grâce suprême qu'on lui coupât la jambe.

Il fallait pour cela qu'on l'amenât à l'hôpital de Candé, et personne ne voulait, même à prix d'argent, rendre ce service au patient. Seul, Jean-Marie Tremblais fut sensible à ses supplications. Il crut bien employer le repos du dimanche en transportant son voisin dans sa voiture à Candé. Pour accomplir toute entière sa tâche généreuse, cet homme de cœur, brave comme le sont souvent les hommes modestes, voulut conduire le père Loyau jusqu'au lit réservé pour lui dans la salle des blessés et il aida les infirmiers à l'y porter. Il allait partir quand Loyau le rappela pour lui demander un objet oublié dans la voiture. Jean-Marie s'empressa d'aller le quérir. Arrivé au bas de l'escalier, il ouvrit par mégarde la porte de la salle des varioleux ; croyant trouver issue dans le couloir, il fit seulement quelques pas dans l'allée du milieu et rétrograda. Telle était la puissance malfaisante de l'élément contagieux de la salle que, dans la courte durée de son apparition qui n'excéda pas une minute, Tremblais fut infecté et frappé à mort. Quinze jours après, il succombait à une variole hémorrhagique.

Sœur Marie-Madeleine était la supérieure des sœurs gardes-malades de Candé. Elles et ses compagnes soignèrent les varioleux. Cette fille de Saint-François cachait sous sa robe modeste de religieuse les plus brillantes qualités de l'esprit et du cœur. Aussi avait-elle vite conquis l'estime et l'affection des personnes avec lesquelles sa mission la mettait en contact. A Candé, elle s'était imposée à l'admiration et à la confiance des plus défiants à l'endroit des religieuses.

Dès le début de l'épidémie, avec son coup d'œil de maître, elle avait immédiatement découvert le poste qui lui revenait. Elle s'assigna la tâche aussi délicate que périlleuse de soigner M. Noury, atteint d'une variole hémorragique exceptionnellement grave. Durant cinq jours et cinq nuits, elle ne quitta pas le chevet de son malade qu'elle subjugua tellement par son dévouement et par ses manières pleines de tact et de discrétion, qu'il avait fini par refuser tous autres soins que ceux de sa religieuse, et qu'il mourut en bénissant Dieu d'avoir mis *cet ange* (ce sont ses propres paroles) à ses côtés, pour l'aider dans ses derniers moments.

Hélas ! sœur Madeleine se vit à son tour saisie par l'horrible mal. Vaillante comme un soldat qui marche au combat sans revêtir d'armure, la garde-malade avait affronté la contagion sans se mettre à l'abri du remède préservateur le plus simple et le plus efficace. Elle avait toujours négligé de se faire vacciner, omission qui triplait pour elle les chances de la mort. Ce fut un grand chagrin pour ses amis d'apprendre un jour que sœur Madeleine avait regagné précipitamment sa communauté, aux prises avec les premiers symptômes d'une variole intense, et ce fut un deuil général pour la ville de Candé quand vint la nouvelle de son trépas. Tout le monde regretta cette victime du devoir ; les pauvres et les malades la pleurèrent, ses amis demeurèrent inconsolables d'une pareille perte.

Sous le coup de l'émotion causée par ces calamités et vivement touché de l'abnégation des religieuses, un poète candéen chanta le dévouement de sœur Madeleine et consacra sa mémoire dans une pieuse élégie. Peut-être sa muse ne fut-elle jamais mieux inspirée.

Je reproduis ici ces strophes :

Elle était jeune encor, trente-deux ans à peine,
Elle portait le nom de Sainte-Madeleine,
Etait l'ange de dévoûment,
La femme qui toujours vole dès que l'appelle,
Un cri de la souffrance, une plainte nouvelle,
La femme prête à tout moment.

Elle était fort modeste et simple, mais son âme
Etait de fer, elle eût traversé mer et flamme
Pour aller soigner et guérir.
Atteinte par le mal, la noire variole,
Au chevet des mourants qu'elle veille et console,
Elle-même vient de mourir.

Elle meurt bravement sur le champ de bataille,
Où gronde, non l'obus ou l'affreuse mitraille,
Mais le mal sourd, contagieux,
Le mal cruel qui sort des ténébreux abîmes,
Et marque méchamment le front de ses victimes
Avec son doigt mystérieux.

Semblable au fier soldat qui périt sous les armes,
Elle meurt à son poste au milieu des alarmes,
Mais sans peine, mais sans frayeur.
Elle meurt en bravant la mort. Qui ne l'admire!
A l'appel de son nom, le monde pourra dire :
« Elle est tombée au champ d'honneur ! »

Elle est morte sans bruit, sans même qu'on le sache,
Comme la fleur des champs qui se dérobe et cache
Ses doux parfums dans le sentier.
On ne la verra plus aller de porte en porte,
Chez le riche ou le pauvre attendue : elle est morte,
Victime de son saint métier.

Mais ne la plaignons pas, Dieu la prit sous sa garde,
Et maintenant là-haut tranquille elle regarde
Notre monde plein de douleurs.
Elle revit contente, heureuse dans la joie,
Contemple Dieu, le ciel, un soleil qui flamboie,
Au milieu d'éternelles fleurs.

Elle est morte, la femme au dévouement suprême,
Mais toutes, sans effort, les sœurs feraient de même,
En face de semblables maux.
Et dire que l'on veut, rage impuissante et folle,
Bannir brutalement ces anges de l'école,
Et les chasser des hôpitaux !

Mars 1884. F. P.

En 1854, à Varna et dans la Dobrutscha, le choléra, qui sévissait cruellement, avait emporté les généraux Carbuccia et Ney, duc d'Elchingen. On fit venir de Constantinople des sœurs de charité, et ces femmes bravaient la mort avec cet admirable courage qui tient de la femme et des anges. Devant tant de courage, de charité, de zèle, le fléau semblait reculer, les cas devinrent moins foudroyants et plus rares. (*Guerre d'Orient*, baron de Bazancourt.)

CHIEN ENRAGÉ A CANDÉ

Le mardi 7 octobre 1884, il est passé à Candé un chien enragé. Il venait de la Potherie, sur la route en face de la Morlière ; il a rencontré et dévoré le chien de la Mélinière, qui se trouvait sur la route avec un petit garçon qui venait à Candé à l'école. L'enfant a eu le temps de se sauver et n'a pas eu de mal, grâce à son chien. Peu de temps après, ce chien est arrivé à Candé et a mordu onze chiens et un chat dans sa traversée de Candé. Le lendemain, on a été obligé de les abattre tous, et, dans la journée, il était à la Mortraie de la Cornuaille, et à la Picaudaie, où il a mordu deux cochons et des oies. Le lendemain, il s'est trouvé à Rochementru où on l'a tué, après avoir mordu deux chevaux. Il avait un collier indiquant le Pellerin, près Nantes. On ne connaît pas encore tous les dégâts qu'il a pu faire, mais ils sont, sans nul doute, considérables ; heureux encore s'il n'a dévoré personne. On a su depuis que les chevaux mordus à Rochementru, ayant été soignés, n'ont eu aucun accès de rage, et voilà plus de six mois.

CHEMIN DE FER A CANDÉ, PREMIER TRAIN

Le premier train de chemin de fer est arrivé à Candé le 10 août 1884, et, de Segré à Nantes, le 17 mai 1885.

Il arrive, on l'entend qui gronde dans l'espace;
C'est un petit point noir, puis une grosse masse,
Qui se roule comme un serpent,
Vole, flèche rapide, ou comme l'hirondelle,
Sur la route, merveille ! étonnante nouvelle !
Presse sa marche ou la suspend.

Il s'arrête, docile à l'ordre qui lui crie :
Arrête, monstre, calme et dompte ta furie.
Demeure là pour un instant ;
Arrête, je le veux, tu m'entends, je l'ordonne,
Et le monstre obéit, souple, suant, frissonne,
Sur le rail de fer palpitant.

Et ce monstre, qui donc le mène, le dirige,
Qui lui commande ? un homme, un seul homme, ô prodige !
Toute la foule peut le voir :
Sur un signe de lui, le train court ou s'arrête
Et l'animal vapeur, incomparable bête,
Se courbe, esclave du savoir.

Salut, premier wagon ! A notre bonne ville,
Longtemps assise au bord de l'Erdre si tranquille,
Wagon tant de fois demandé,
Qu'apport es-tu ? faut-il qu'un doux rêve nous berce
Et te montre doublant l'aisance, le commerce
De notre tout petit Candé ?

Faut-il fonder sur toi de folles espérances,
Croire que tout viendra sans peine, sans souffrances,
Par notre seule volonté ?
Non, mais le lourd wagon, plus que la diligence,
Aide le travailleur, a sa part d'influence
Sur l'heureuse prospérité.

Déjà je vois nos bœufs sortant du champ de foire
Sans quitter toutefois les rives de la Loire,
Courir vite au pays normand,
Ce pays de l'herbage, admirable, classique,
Où tout semble sortir d'une terre magique
Et pousse magnifiquement.

Salut, coche nouveau, merveilleuse voiture,
Puisses-tu, secondant l'effort de la nature,
Répandre au fond de nos guérets,
Confier aux foyers de notre chère ville
La graine du bonheur, la semence fertile,
Fille des temps et des progrès.

Mais regarde, ô wagon, ces deux tours ; à la fête
Il manque quelque chose, elle n'est pas complète.
Quoi ? se rapprochant du saint lieu !
Que te manque-t-il ? Rien, répondras-tu peut-être ;
Et moi, je dis : beaucoup, la présence d'un prêtre,
La bénédiction de Dieu.

L. POTEL.

INCENDIE GIRAUDEAU

Dans la nuit du 28 au 29 juillet 1885, à Candé, le feu s'est déclaré dans un atelier de dévidage, chez M. Louis Giraudeau, fabricant de tissus.

Bien qu'il fût minuit à ce moment, l'alarme a été vite donnée et les secours sont arrivés promptement; car notre compagnie de pompiers, ainsi que les habitants de Candé, n'y fait jamais défaut.

Cependant l'incendie, excité par le vent, atteignit bientôt la maison d'habitation ; heureusement, alors, les flammes s'abattirent sur la place et l'on put circonscrire facilement par ailleurs le foyer principal. Au bout de quelques heures de travail, l'on réussit de la sorte à se rendre maître du feu. Les pertes, couvertes par une compagnie d'assurances s'élèvent à 10.000 francs environ.

MORT DE JEAN-MARIE BEAUDOUIN

Un accident bien triste est arrivée à Candé, le 29 décembre 1885. Vers 9 heures du soir, le nommé Beaudouin, Jean-Marie, se rendait à son domicile et passait dans la rue de Beaulieu. En sens contraire, venait le sieur Plat, aubergiste, conduisant un double chargement de pieds d'arbre. La nuit était noire, et les chevaux descendaient une pente assez rapide.

Tout à coup, le second chariot, retenu seulement au premier par une chaîne, se détacha du premier, et, comme aucun cheval n'était attelé dessus, le chargement obliqua rapidement à gauche et vint violemment heurter un mur près la devanture de Mme Besnié.

A ce moment, le malheureux Beaudouin se trouvait juste en face des roues. Il n'eut pas le temps d'éviter le danger et fut écrasé entre le mur et le moyeu.

ERMITAGE DU BREIL, DE FREIGNÉ

En 1711, M. François Gauthier, habitant de Freigné, désirant se retirer du monde, fit bâtir un ermitage dans le bois du Breil, au midi, non loin du chemin qui conduit de Freigné aux landes de la Clairée, et y resta jusqu'à son décès, l'espace de vingt-sept ans, de 1711 à 1738. On en voit encore les restes.

INCENDIE ARTHUIS

En 1886, du 4 au 5 février, à minuit, un incendie s'est déclaré à Candé, rue de la Croix-Blanche, chez le nommé Arthuis, tailleur.

Un nommé Garnier, boucher, et le sieur Arthuis étaient couchés au premier étage, et, lors de leur réveil, il n'était plus temps de descendre, tout était en feu au rez-de-chaussée.

Garnier a ouvert la croisée sur la rue et s'est écrié : A moi, mes amis, à moi, apportez vite une échelle, je ne me crois pas en état de mourir tout de suite. Un individu répondit : Tu as bien raison, Garnier, ne te tourmente pas, on sait bien que tu n'es pas en état de grâce, et tout le monde de crier : Apportez vite une échelle à Garnier, il ne se croit pas en état de mourir tout de suite.

CHAPITRE IV

Liste des curés de Candé depuis 1591. — Maires depuis 1790. — Juges de paix, greffiers, familles candéennes.

FAMILLE BROSSAIE DU PERRAY

Brossaie, curé de Candé, et suite, en 1620.

M. Brossaie, René, curé de Candé, s'est obligé à rebâtir le clocher de l'église de Saint-Denis, à ses propres frais et dépens, et ne demande autre chose que la jouissance des cimetières de Saint-Jean et de Saint-Nicolas, dépendant dudit Saint-Denis, pour l'espace de vingt ans. Au cas qu'il meurt après le clocher bâti, il relaisse la jouissance desdits cimetières et la paroisse sans que ses héritiers y prétendent aucune chose; s'il meurt avant que ledit bâtiment soit accompli, ses héritiers ne seront pas tenus de l'achever : les dits paroissiens le feront achever, si bon leur semble. On lui a aussi baillé un vieil emplacement de maison et jardin appelé la vieille école, près la dite église, que le dit Brossaie a vendu à Mathurin Lebrun, forgeur. Le dit accord passé par Charles Drouet, notaire de la baronnie du dit Candé, le dimanche de Quasimodo. Le dit Brossaie a béni la première pierre du dit clocher, processionnellement et lui-même l'a posée au fondement du coin, vers midi, et y fait travailler les ouvriers sans relâche, de jour en jour.

Le lundi des Rogations, il fit refondre les deux cloches et grossir de plus de moitié. Elles pesaient plus de huit cent livres, quand elles ont été refondues. Il fit la quête par la ville et trouva bien deux cents livres de vieil airain et d'étain; il lui prit envie d'en donner une plus grosse, qui fut fondue la vigile de Saint-Michel du mois de septembre, et pesait plus de sept cents livres, tant que le dit Brossaie a fait bâtir le dit clocher et cloches à ses dépens, sans aucune récompense que ce que dessus, si bien que le tout lui a coûté environ deux mille deux cents livres, tous les journaliers à douze sols par jour, tant les maçons que les charpentiers.

En l'année 1608, Messire René Brossaie, prêtre, curé de Candé et aumônier de Saint-Jean, a fait clore les cimetières de Saint-Jean et de Saint-Nicolas, qui n'avaient jamais été clos. Les murs ont été douze ans en construction, tout le monde y allait pacager les bestiaux. Le terrain nommé le cimetière de Saint-

Jean avait été donné aux enfants de Candé, par M. d'Andigné, seigneur d'Angrie, pour s'y divertir, et il devint le cimetière de l'hôpital, où fut enterré M. Gratien, l'un de ses aumôniers. La pierre qui couvrait son tombeau sert encore de palâtre à la petite porte d'entrée sur la rue Saint-Jean.

En celui de Saint-Nicolas, lors des clôtures, il y avait déjà plus de six vingts tombes.

Ils furent affermés à Jean Besson, boucher, pour 25# par an.

Après le clocher terminé, le dit Brossaie a achevé de faire clore le cimetière autour de l'église de Saint-Denis.

Il est décédé le 23 novembre 1626, et la jouissance de tous les cimetières a retourné à la fabrique. (*Jacques Valuche, folio 4.*)

M. Jean Brossaie, né à Candé le 18 octobre 1695, fut notaire de la baronnie de Candé. Il céda son notariat à M. Chauveau, âgé de vingt-cinq ans, de la religion catholique, apostolique et romaine, par ordonnance du roi Louis XV, en date du premier jour de juin 1724.

En 1725, M. Charles-Louis Brossaie, conseiller du Roi et son procureur au grenier à sel, était fils de M. Jean Brossaie, notaire à Candé, désigné ci-dessus.

Le dimanche 27 février 1774, est arrivé sur le soir à Candé M. de la Chalotais, à l'auberge du Dauphin; il en est reparti le 1er mars, accompagné de son fils qui a vu toute cette ville, pendant que son père était gardé à l'auberge par deux cavaliers de maréchaussée. Il était ci-devant procureur général au parlement de Bretagne ; il se nommait de Caradeuc de la Chalotais, et est rentré au parlement en sa même qualité.

Quand M. de la Chalotais revint de l'exil (de la Hollande), il passa de nouveau à Candé avec son fils; en passant à la grée Saint-Jacques, il fut arrêté par la population, à la tête de laquelle était Mlle Martineau, ayant un bouquet à la main. Elle lui dit : « M. le procureur général, vous mettez le pied sur le premier sillon de la Bretagne, permettez-nous de vous faire part de la joie que nous éprouvons de votre retour. »

M. de la Chalotais fut charmé de cette réception ; aussi, en arrivant à Rennes, il dit à M. Brossais, lequel était alors son substitut : « Brossais, j'ai trouvé là-bas, en mettant le pied sur la Bretagne, des gens qui me conviennent. » Quelque temps après, M. Brossais du Perray épousait Mlle Martineau.

Touchant la famille des Brossais, le père du substitut était avocat au parlement. Il avait deux fils qu'il faisait instruire par un précepteur capable. M. de la Chalotais demanda à M. Brossais s'il voulait bien permettre que son fils prît part aux études des siens : « Comment donc, M. le procureur général, je n'ai rien à vous refuser, » répondit M. Brossais. Quand les jeunes gens eurent terminé leurs études et fait leur droit, M. de la Chalotais, qui s'intéressait à la famille Brossais, voulut nommer M. Brossais du Perray son substitut; ce dernier lui fit observer que c'était impossible, attendu qu'il n'était pas noble. Je connais votre famille, dit-il, ils ont tous été de père en fils d'honorables avocats, et cela vaut bien la noblesse; mais, pour ne pas blesser ces messieurs du parlement, nous vous nommerons écuyer. C'est de là, je pense, que M. Brossais du Perray prit pour armes : *De gueules à quatre trèfles d'or, au pal d'hermine*, et pour supports : *une levrette et un lion*. Tous ces détails viennent de M. Bois-Robert, ancien conseiller de préfecture à Angers, et de Mme Brossais.

Le 22 avril 1788, sépulture de M. Urbain-Louis-Alexis Martineau, seigneur de la Salle, la Grée, la Sinantaye et de Rangeard. Il était né à Candé, le 10 novembre 1726, et veuf de dame Jeanne Fleuri, native de Chalonnes. Ils étaient père et mère de Mlle Martineau-Brossais.

En 1798, Philippe Martineau était curé de Freigné; il est mort à Candé, où il était né, le 4 janvier 1702.

Mme Brossais, née Martineau, que j'ai bien connue, eut deux enfants : 1° M. Brossais du Perray, son fils, qui épousa Mlle Guibourg-Canterie. C'est lui qui a fait construire cette belle maison nommé la *Maison-Rouge*, qui appartient aujourd'hui à M. Normand, maire de Candé ; 2° Mlle Brossais, excellente personne, très charitable.

FAMILLE CHARLERY

Anne Charlery, née à Candé le 28 avril 1632, dame d'honneur du prince de Condé, fut inhumée dans l'église de Saint-Denis de Candé, le 3 mai 1607, à l'âge de 74 ans. Elle avait épousé Pierre Bonnelle, médecin. (*Hist. de Châteaubriant.*)

Louis Charlery, sieur de l'Epinay, pour son lieu du Bas-Coherne, doit 4 sols 6 deniers de service, et trois bions, à faner, plesse et vendange.

Alexis-Antoine Charlery est né à Candé, le 30 juillet 1752. Militaire avant 1789, il fut nommé, dès le début des troubles, chef de légion du district de Segré ; général de brigade en 1793, à l'armée de la Vendée, commandant en l'an III le camp de Thouars puis démissionnaire, il était, en l'an VI et jusqu'en 1816, juge de paix à Candé ; il avait épousé Mlle Bessin. Il est mort le 8 mars 1829, âgé de 76 ans et 7 mois. Il avait été nommé par procuration dans la tutelle des mineurs de Bourmont du 5 et du 7 janvier 1793. C'était le maréchal, âgé de 17 ans et demi et sa sœur, Donatienne-Sophie-Hélène, âgée de 13 ans.

J'ai très bien connu M. Charlery ; c'était un beau bonhomme, toujours bien poudré, qui ne manquait jamais la messe aux quatre grandes fêtes de l'année.

Un René-François Charlery, en 1783, était sénéchal de Candé. Seul juge ordinaire, civil, criminel des eaux, bois et forêts, voirie et police de la ville et baronnie de Candé, outre l'exercice de la justice, le sénéchal convoquait l'arrière-ban de son ressort et en avait le commandement. Voilà les titres que se donnait le sénéchal de Candé.

FONDATION DE L'HOPITAL SAINT-JOSEPH

En 1673, quatre demoiselles de Candé, Renée Levoyer, Marthe Lecerf, Jeanne Huchedé et Jeanne Hiron, s'étaient réunies depuis plusieurs années, pour tenir une école gratuite de filles pauvres. Au mois de mars 1677, ces demoiselles obtinrent droit et permission du roi et de Monseigneur le prince de Condé de faire bâtir l'hôpital de Candé. Elles donnèrent leurs maisons, rue aux Moines, avec les meubles et 6.000 livres, pour fonder l'hôpital Saint-Joseph, qui fut bâti en 1678 et 1679. Elles s'engagèrent envers les paroissiens de Candé de faire l'école aux filles pauvres de la paroisse, sans salaire.

Les lettres patentes du roi autorisant l'établissement de l'hôpital ont été données au camp de Valenciennes, en mars 1677. (Ex-Généalogie Bourgeois, charpentier, parent de Valuche. (*Valuche, folio 96.*)

L'aumônerie de Saint-Jean existait de l'antiquité la plus reculée : sise sur la paroisse d'Angrie, mais dans le faubourg de Candé, elle fut définitivement réunie à l'hôpital Saint-Joseph, le 1er avril 1780.

Les dames prenaient le nom d'hospitalières; elles soignaient les malades comme nos sœurs d'aujourd'hui, à cette époque. Lors de la réunion, les hospitalières étaient au nombre de sept, savoir : dame Elisabeth Potel, supérieure; Jeanne-Renée Levoyer, procureuse; Anne Robert, doyenne; Madeleine Halbourg, Marie Brundeau, Rose Ganne et Jeanne Paumard.

L'aumônerie de Saint-Jean avait été fondée pour les lépreux; il y fut placé trois lits.

Il est à observer qu'en France, tous les hôpitaux qui sont sous l'invocation de saint Jean sont d'anciennes léproseries.

AUMONERIE DE SAINT-JEAN OU MALADRERIE

On ne sait en quelle année fut fondée la maladrerie de Saint-Jean, mais on peut croire que ce furent les habitants de Candé qui la fondèrent; car ils en étaient les patrons. C'étaient eux qui, se réunissant dans l'église Saint-Denis chaque fois que le pourvu du bénéfice était décédé, nommaient son successeur et le présentaient au collateur (l'évêque).

Le chapelain de Saint-Jean, à cause de son bénéfice, nommait à la chapelle de Saint-Martin, dite de la Martinerie, fondée dans la chapelle Saint-Jean par leurs prédécesseurs, ainsi qu'à la chapelle Saint-Julien fondée et desservie en l'église de Candé.

En 1778, les habitants notables s'assemblèrent au son de la cloche, après les vêpres, sous le vestibule de la paroisse, au banc d'œuvre, pour délibérer sur la réunion de l'aumônerie à l'hôpital Saint-Joseph.

Les chapelains avaient perdu de vue leur véritable institution : on ne soignait plus les malades à la Maladrerie ; les titulaires, au lieu de rendre chaque année leurs comptes, comme ils le devaient par l'acte de fondation, s'attribuaient tous les revenus, et c'est probablement pour remédier autant que possible à cet abus, que l'on avait fondé l'hôpital Saint-Jean.

La séance fut orageuse : une partie seulement de l'assemblée signa la délibération ; le sieur Hervé, Ernoul, empêcha l'autre de signer ; le sieur François Raoul, syndic municipal, se réserva de le poursuivre par la rigueur des lois.

Il avait été décidé que l'aumônerie serait réunie à l'hôpital Saint-Joseph à la charge par celui-ci de soigner deux malades de Candé et un de la commune d'Angrie (si cela se doit, est-il dit entre parenthèses) et d'avoir un prêtre qu'il nourrirait et rétribuerait, mais néanmoins au choix et à la nomination des habitants, pour faire le service de la chapelle :

Que les chapelles de la Martinière, Saint-Julien et Sainte-Marguerite seraient réunies à la cure de

Candé, dont le revenu était si modique qu'à peine pouvait-on trouver un prêtre pour desservir la dite cure ; mais aussi, dans le cas de la réunion, il devait nourrir et rétribuer un vicaire. Cette délibération est du 2 août 1778 et passée par-devant Me Jacques-René Queufoin, notaire à Challain.

A cette époque, M. Anselme Forget, vicaire général, officier du diocèse de Langres et chanoine de la cathédrale, était aumônier de Saint-Jean. Il envoya sa procuration à Messire Georges-Gabriel-Guillaume Louet, chanoine et maître d'école de la ville d'Angers, pour consentir à la réunion. Il abandonnait les rentes en blé ou avoine dues par le Breil, le Guebli et l'Aubinaie, mais il se réservait tous les autres revenus et ses droits de nomination aux chapelles Saint-Martin et Saint-Julien. Il fallut bien en passer par là ; dans la séance du 28 février 1779, où comparaissait pour son fils, baron de Candé, Messire Pierre-Clovis Brillet, chevalier seigneur de Loiré, l'hôpital Saint-Joseph fut chargé des choses dues par la fondation, messes, etc.

Enfin, au mois de mars 1779, le roi, étant à Versailles, signa les lettres de réunion.

Dans les lettres de réunion, il est dit que depuis longtemps on a perdu de vue la véritable destination des biens de l'aumônerie ; que l'on a cessé d'y recevoir des malades ; que le prêtre chargé de la desservir, a même cessé d'y résider et qu'il s'est approprié à lui seul les revenus affectés par les fondateurs pour le soulagement des malheureux.

L'hôpital Saint-Jean fut reconstruit à neuf par l'architecte Lachèse vers 1843-1846, sur l'emplacement de l'ancienne aumônerie, terrain qui dépendait de la commune d'Angrie et qui fut réuni à Candé par ordonnance du 16 mai 1836. On vendit l'ancien hôpital Saint-Joseph, plusieurs maisons rue aux Moines, précisément celles qui avaient été données en 1679 par les quatre demoiselles dénommées ci-dessus pour faire l'école aux enfants pauvres.

Aujourd'hui, il comprend 60 lits de malades et 6 de vieillards, jouit d'environ 25.000 francs de revenus, possède 14 fermes, deux vignes, et est dirigé par les sœurs de Sainte-Marie, d'Angers.

Inspirés par un sentiment louable d'humanité et plus encore par une pensée de charité chrétienne, M. et Mme Robert-Jallot, propriétaires à Beaulieu, viennent de créer à leurs frais deux œuvres qui complètent heureusement le service de l'hôpital : une école, un asile pour les petites filles et un fourneau économique.

L'école d'asile a été ouverte en 1875. Elle est une annexe des classes dépendantes de l'hospice et est dirigée comme celles-ci par une sœur de Sainte-Marie : près de cent enfants la fréquentent.

Le fourneau économique a fonctionné pour la première fois en 1881. Il s'ouvre chaque année au commencement de novembre et ferme à Pâques. On y délivre, pour dix centimes, ou un litre de bouillon gras excellent, ou encore une ration de viande et de légumes, dont une personne peut très bien faire son dîner. On distribue environ quatre mille rations par hiver.

Ce chiffre dit éloquemment l'immense service rendu par M. et Mme Robert à la population candéenne, en particulier aux ouvriers et aux pauvres, et leur confère un droit à la faveur et à la reconnaissance de tous.

POPULATION DE CANDÉ

En 1699, 660 habitants. En 1790, 878 habitants. Depuis 1699 et 1872, 2,011 habitants.

FAMILLE GROSBOIS

M. René Grosbois avait épousé Mlle Marie-Charlotte Lesné de la Grée. Il était, en 1748, président du grenier à sel de Candé.

M. Pierre Grosbois, apothicaire à Candé, était capitaine commandant une compagnie de la garde nationale de Candé. Il fut tué vis-à-vis de la métairie du chêne de Mandie, avec d'autres, lors du passage de l'armée de la Vendée, qui avait passé la Loire. Ils furent tous enterrés dans le cimetière de Vritz.

M. Jacques-Ferdinand Grosbois, son fils, ayant épousé Mlle Lucie Charlery, eut en possession la maison et dépendances de la rue aux Moines.

C'est lui qui a fait bâtir la maison actuelle rue aux Moines, où demeure Mme veuve Lamotte, sa petite-fille. Il a été juge de paix à Candé, du 20 novembre 1830 au 1er avril 1849. Il eut une sœur qui épousa M. de Saillys et qui eut la maison dite de la Dauphinière à Saint-Jean.

FAMILLE LESNÉ DE LA GRÉE

M. Jean Lesné de la Grée était procureur fiscal de la baronnie de Candé, de 1710 à 1742.

M. Pierre-Etienne Lesné, son fils, avait épousé Mlle Anne-Renée-Catherine de Triché, qui était sœur de Lucie de Triché, qui fut femme de M. Mathurin Bessin, notaire à Candé, décédé en 1775. Ledit M. Lesné a été procureur fiscal après son père, de 1742 à 1774.

Dame Marie-Charlotte Lesné, sœur de M. Jean Lesné, dénommé ci-dessus, était veuve de M. René Grosbois, président du grenier à sel de Candé.

FAMILLE GAUDIN BOIS-ROBERT

Dame Marie-Renée Guibourg, veuve du sieur René Gaudin de la Sucheraie, fils du sieur René Gaudin et de dame Adam, s'est avouée sujet, à cause du lieu de la Mandigolais, et doit des gelines et des bions.

Son fils, M. Gaudin La Sucheraie, fut assassiné dans la ruelle du Four, en 1792.

M. René-Michel Gaudin La Sucheraie, propriétaire, commune de la Cornuaille, d'une part, et dame Jeanne-Marie-Charlotte Jouneault, demeurant à la Rivière, commune de la Cornuaille, veuve de M. Charles-François-Antoine Gaudin Bois-Robert, mère et tutrice de :

M. Achille-Pierre Gaudin Bois-Robert, décédé célibataire ; 2° M. Charles-Frédéric-René-Marie Gaudin Bois-Robert, notaire à Candé, qui alla demeurer à Angers, où il fut nommé conseiller de préfecture. Il avait épousé Mlle Joséphine-Colette Polet.

FAMILLE LOUIS BESSIN, NOTAIRE

M. Mathurin-Louis Bessin acheta le notariat de Me Charles Chauveau, lequel l'avait eu, le 1er juin 1724, de M. Jean Brossaie. Ledit M. Bessin, né le 30 juillet 1730, n'était âgé que de 23 ans. Sur sa demande, le roi lui permit d'être notaire à cet âge, par une ordonnance datée de 1753. Il épousa Mlle Lucie de Triché, fille de M. René de Triché, sénéchal de Bourmont, et dont le frère Pierre de Triché était aumônier de Saint-Jean de Candé.

M. Bessin eut quatre demoiselles :

Mlle Lucie épousa M. Antoine Potel, notaire; la seconde, M. Alexis-Antoine Charlery; la troisième, M. Baucelin de Segré; la quatrième, M. Michelon, maire de Candé, et, en secondes noces, M. le docteur Guibourg, dit Plairie, et autres, dont je n'ai pas connaissance.

FAMILLE POTEL, NOTAIRE

M. Pierre-Jacques Potel était greffier de la baronnie de Candé en 1768.

M. Antoine Potel était greffier de la baronnie de Candé en 1783. Il épousa Mlle Lucie Bessin et fut notaire à la place de Me Bessin, son beau-père. M. Potel eut quatre demoiselles :

1° Mlle Françoise-Lucie-Marguerite, qui épousa M. René-Louis Deniau, orfèvre, né à Craon; 2° Mlle Adélaïde, célibataire; 3° Mlle Lucie-Thérèse, qui épousa M. Lefaucheux de la Cadorais; 4° Mlle Joséphine-Colette, qui épousa M. Charles-Frédéric-René-Marie Gaudin Bois-Robert, notaire à Candé, qui fut conseiller de préfecture à Angers.

M. FORGET, PRÊTRE, AUMONIER DE SAINT-JEAN

M. Anselme-Marie Forget, né à Candé le 21 novembre 1725, fils de M. Jacques Forget, sellier et bâtier à Candé, fut prêtre, docteur en Sorbonne, chanoine, vicaire général de l'évêque de Langres, puis vicaire général de l'évêque de Meaux, grand pénitencier, promoteur et chanoine et, comme enfant de Candé, aumônier de Saint-Jean de Candé. Il fit bâtir le prolongement, de l'ancien salon jusqu'à l'église ; il avait fait plafonner et enduire en plâtre les appartements, travail qui ne s'était pas encore vu à Candé, et qu'on voit encore aujourd'hui. J'ai même entendu dire qu'il était l'auteur du bas-côté de l'église qui existait du côté de la route et qui a été démoli, lors de la restauration de l'église.

M. Forget est décédé à Candé, le 5 octobre 1788, à l'âge de 63 ans. Il a été inhumé dans la chapelle de Saint-Jean, où son épitaphe a été recueillie et fixée sur le mur, à droite en entrant dans la chapelle. Cette pièce, en pierre-ardoise, avait été gravée par M. Vivien, arquebusier à Candé. Il paraît qu'en ce temps-là le successeur d'un aumômier faisait payer à sa famille les réparations locatives. M. Forget a succédé à M. Gratien, qui était cousin de Mme Gelineau, ma belle-mère, laquelle était une Gratien et qui m'a dit que ces réparations avaient été estimées 1,200 fr., et que la famille lui abandonna un terrain nommé le Pré-Brasdane, dans lequel le docteur Guibourg a fait bâtir, depuis, sa maison, où loge actuellement la gendarmerie.

MARIAGE DE M. DE MAILLÉ ET DE Mlle CHARLERY

Le 18 décembre 1730, eut lieu le mariage de M. Joseph-Antoine-Eléonore-Isidore, comte de Maillé de la Tour-Landry, fils de défunt haut et puissant seigneur Georges-Henri, marquis de Maillé de la Tour-Landry et Jallene, et de défunte haute et puissante dame Marie-Anne de Fregeau de la Fréselière, avec dame Henriette-Pélagie-Marie-Catherine Charlery, fille de défunt René-François Charlery, vivant, procureur du Roi au grenier à sel de cette ville, et dame Jacquine Guignard, tous deux de cette commune, quoiqu'assurés de la validité de leur mariage solennellement constaté le 18 décembre 1730 dans l'église paroissiale et devant M. le curé de Saint-Pierre d'Angers.

Ils eurent plusieurs enfants, morts en bas âge.

M. de Maillé, n'ayant pas demandé l'autorisation du roi, qui était nécessaire en ce temps aux seigneurs de son rang, le roi Louis XV fit des difficultés et ne rendit son ordonnance qu'en 1738. Alors le mariage eut lieu, pour la seconde fois, le 17 février 1738.

M. le comte de Maillé possédait la belle maison de la Grande-Rue une cour et plusieurs jardins à Candé, un champ à Beaulieu ; il fit don du tout à son épouse, en mourant, laquelle dame, disait-on, était tellement heureuse d'avoir nom la comtesse de Maillé, qu'elle déshérita les Charlery pour donner aux Bourmont. Aussi, à la Révolution, le tout fut vendu nationalement à la famille Guérin. Cette maison appartient aujourd'hui à M. Régis Perron, fils du notaire. (*Etat civil de Candé.*)

ABAFOUR, PRÊTRE AU GRENIER A SEL

En 1793, l'église fut transformée en club ; elle ne fut rendue au culte qu'après la chute de Robespierre; néanmoins, on avait laissé dresser un autel dans l'ancien grenier à sel de la rue aux Moines, servitude de M. de la Cadorais. Marie Gelineau, femme Chaillous, ma belle-sœur, y fut baptisée, en 1803, par M. Abafour, prêtre qui s'était retiré à Candé et qui y faisait les offices. Toutes les bonnes dévotes de l'ancien régime y allaient à la messe ; c'est ce qui les fit appeler les culs salés.

M. LOGEREAU, MAIRE DE CANDÉ

En 1784, M. Logereau, propriétaire à Candé, était maire et conseiller d'arrondissement. La maison qui est sur la place du Marché et qui a été en partie démolie pour passer la route qui conduit en Bretagne, était son habitation et, certes, une des plus belles et des plus commodes de Candé en ce temps-là, avec un jardin immense, qui était borné à l'ouest, par la rue qui conduit au champ de foire et, à l'est, par la propriété Brossais, dans toute sa longueur. Toute la terre fut vendue au boisseau comme engrais. Le passage de la route a fait disparaître un beau pavillon surmonté de deux girouettes semblables à celles qu'a fait faire M. Besnié, rue Saint-Jean. Mme Logereau, le jour de l'enterrement de son mari, dit à son jardinier : Allez donc planter un rosier sur la tombe de mon mari : il aimait tant les roses ! En effet, il ne sortait jamais en ville sans avoir une rose en main ou à sa boutonnière, quand il pouvait s'en procurer. Cette maison appartient aujourd'hui, en partie, à M. Galard, pharmacien.

Pour être cuisinière chez Mme Logereau, il fallait avoir de bonnes dents. Car, un jour, cette dame commanda à sa domestique de faire un hachis de mouton pour le dîner. Cette bonne fille comprit un mâchis. Elle passa une partie de son après-midi à broyer son mouton, y ajouta une bonne sauce, et tout le monde trouva le hachis très bon ; mais la cuisinière dit qu'elle avait les mâchoires si fatiguées qu'elle n'en ferait jamais d'autre.

Un autre souvenir. Un jour, Mme Logereau avait la lessive ; elle alla voir ses laveuses le matin, et trouva qu'il faisait si froid qu'elle leur promit une rôtie en vin. Revenue chez elle, elle se mit près d'un bon feu et, lorsque la domestique fut prête à faire sa rôtie, elle lui dit : Oh ! le temps s'est bien adouci, il n'y a pas besoin de faire de rôtie.

LES MAIRES DE CANDÉ

M. Chauveau, en 1790. — M. Huart, en 1791. — M. Antoine Legris, d'octobre 1792 à 1798. — M. André-Nicolas Logereau, du 1er messidor an VIII au 10 février 1813. — M. Gilbert Michelon, 10 février 1813, mort en novembre 1818. — M. Louis-Bernard Loumailler, 5 décembre 1818, démissionnaire en 1835. — M. Aimé Jallot, docteur-médecin, 1835, mort le 18 juin 1856. — M. Ferdinand Lefaucheux de la Cadorais, notaire, de 1856 à 1860. — M. Alexis Gaudin, de 1860 à 1870. — M. Auguste Letort, docteur-médecin, de 1870 au 14 avril 1880. — M. Parrot, du 14 avril 1880 au 7 mai 1882. — M. Normand, depuis le 7 mai 1882.

FOIRES DE CANDÉ

Par ordonnance royale de 1641, les foires et marchés de Candé ont été établis et sont devenus mensuels : le premier lundi de chaque mois, le lundi après la mi-carême, le 9 mai, le 7 juin, le 10 octobre. Le lundi d'après la Saint-Martin, il s'est établi un marché qui équivaut à l'une des plus fortes foires de l'année, sans aucune demande.

En 1640, le prince de Condé, par permission du roi, établit quatre foires de deux jours, mais qui n'eurent pas lieu, je pense.

L'inauguration des premières foires eut lieu le 2 juillet 1641 ; les lettres patentes du roi Louis XIII qui les fondèrent sont datées de septembre 1639. (*Valuche.*)

OBSERVATION SUR LA FOIRE DU 9 MAI 1881

Les foires de Candé n'ont pas besoin de réclames ; elles ont une bonne et vieille réputation établie au loin, surtout les foires de Saint-Denis, de Saint-Martin, de l'An-Neuf, de la Chandeleur, de la Mi-Carême, du 9 mai et du 7 juin.

Les Vendéens viennent régulièrement à nos foires depuis l'amélioration de nos races par le sang durham, c'est-à-dire, depuis 1850 environ. Nous ne voyons les Belges que depuis 8 à 10 ans. Mais les Normands connaissent depuis longtemps la route de Candé. Toutes les personnes qui ont plus de 60 ans se rappellent avoir vu dans leur jeunesse les Normands venir de loin à la foire du 9 mai, montés sur des chevaux de pas relevé, allure qui était bien plus douce que le trot.

Le 9 mai 1885, pour la première fois, les fils et descendants de ces anciens acheteurs sont accourus en foule, par le chemin de fer, apporter à nos fermiers, non pas, comme autrefois, des écus de trois et de six livres, mais de légers et commodes billets de banque. Honneur et merci à ces hôtes aimables, qu'ils viennent du nord ou du sud. Ils savent qu'il y a maintenant à Candé une gare touchant le champ de foire, qui permet le transport facile de tous les animaux.

Candé, par sa position à l'extrémité de l'Anjou et près de la Bretagne, offre aux acheteurs une variété de marchandises qu'on ne trouve point à Segré et à Châteaugontier. Le 9 mai, on pouvait voir sur notre champ de foire des vaches de 100 fr. et de 500 à 600 fr.; de très beaux taureaux, des bœufs de 500, 600, 1,200 et 1,500 fr., suivant l'âge et la qualité.

Les marchés aux porcs sont très suivis, et tous les lundis, durant toute l'année, des porcelets sont mis en vente sur la place.

Après Châteaubriant, Candé est certainement la petite ville la plus commerçante de nos contrées.

Dans la soirée du 9 mai, un riche propriétaire et acheteur belge est allé chez un fermier de la commune de Loiré acheter un jeune taureau de 3 ans, primé le 8 septembre par le comice de Candé, pour 1,005 francs. Ce taureau sera présenté au concours d'Anvers.

Il est parti de cette foire, pour la Normandie ou la Vendée, 164 wagons chargés de bestiaux. On a chargé toute la nuit, jusqu'à dix heures le lendemain.

A la foire du 7 juin, appelée Saint-Médard, il en a été chargé 99 wagons.

LES CHARIVARIS A CANDÉ

Autrefois, on faisait à Candé un charivari à tous les gens qui se mariaient une seconde fois, pendant les neuf jours qui précédaient le mariage. On y faisait tous les soirs le plus de vacarme qu'on pouvait, on y traînait toutes les choses qui pouvaient faire le plus de bruit possible, comme de vieilles poêles, des sonnettes qu'on nommait en ce temps-là des campanes, qu'on attachait au cou des chevaux pour les envoyer aux landes, des prouyères ou chaînes de campagne, le traquenard. On partait de la maison du futur, on faisait le tour de la ville ; mais les galants audacieux sortaient dehors et poursuivaient les criards, ce qui finissait souvent par des batteries. M. Laumaillé, maire de Candé à cette époque, avant 1830, réussit à empêcher ce tumulte.

Un des charivaris les plus remarquables fut celui d'un vieux bonhomme nommé Rénault, qui était jardinier à l'hôpital, avec la veuve Gohier. Des farceurs l'engagèrent à faire le tour de la ville à la tête de la bande, en criant charivari; mais on lui fit tant d'impolitesses qu'il n'y retourna plus, et la prétendue, en colère, refusa le mariage tout en vrai.

Il s'en suivit une petite chanson, bonne à conserver :

Charivari, charivari,
Charivari qui se marie,
Charivari, charivari,
Charivari qui se marie.
Une vieille, après soixante ans,
Amoureuse comme une fille,
Et qui n'a bientôt plus de dents (*bis*)
Mais elle a des écus en pile.

Son galant est le fin Rénaud,
Aussi joli qu'une belle ourse :
Tout le monde le croit nigaud,
Mais il ne l'est pas pour sa bourse.
Jardinier à notre hôpital,
Il sut y renforcer ses gages,
En y vendant tant bien que mal (*bis*)
Graine et plan de son jardinage.

Charivari pour tous les deux,
Charivari pour l'un et l'autre,
Et qu'ils soient heureux tous les deux,
Et qu'ils soient heureux l'un et l'autre,
Qu'ils ne manquent jamais d'écus,
Que toujours leur coffre en abonde,
Et qu'ils ne soient plus superflus (*bis*)
Pour les plaisirs de ce bas monde.

NOM DES JOURS, MOIS ET ANS, DEPUIS 1793

De 1793 à 1797, la Révolution avait changé l'ancien usage romain pour les jours, mois et années.

Chaque semaine était de dix jours, chaque mois de trente jours. Il se trouvait cinq jours et six heures de plus, qu'on nommait sans-culottides ou complémentaires. Les noms de mois étaient très significatifs :

Janvier (nivôse) ; février (pluviôse); mars (ventôse); avril (germinal) ; mai (floréal) ; juin (prairial); juillet (messidor); août (thermidor); septembre (fructidor) ; octobre (vendémiaire); novembre (brumaire) ; décembre (frimaire). Il se trouve par trimestre les mêmes terminaisons.

Les noms des jours sont latinisés ainsi qu'il suit :

Un (primidi) ; deux (duodi); trois (tridi); quatre (quartidi) ; cinq (quintidi) ; six (sextidi) ; sept (septidi); huit (octidi); neuf (nonidi) ; dix (décadi).

DIVISION DES DISTRICTS EN 1792

Le Maine-et-Loire était divisé en 8 districts ; le district de Segré en 10 cantons. Le canton de Candé se composait de Candé, Freigné et Angrie seulement.

MUNICIPALITÉ PROVISOIRE DE 1797

Candé, chef-lieu de canton. Administration municipale provisoire : MM. Legris, Guérin, Ernoult, Dupré, Riffault, Trouvé ; Monnier, secrétaire ; Huard, juge de paix, Gérard, greffier.

Gendarmerie : Vallet, Neveu et Menard. Ce dernier fut tué dans les Vallerais, entre les Grands-Gués et le Moulinais.

Candé, chef-lieu de canton, était composé, comme aujourd'hui, de Candé, Angrie, Challain, Chazé-sur-Argos, Freigné, Loiré.

NOMS DES CURÉS DE CANDÉ

Brossais, René, 1591, mort le 23 novembre 1626. — Lezin, Maurice, 3 avril 1627, mort de contagion, le 6 octobre 1628. — Hauboussin, Urbain, 13 novembre 1628, permute en mars 1632. (Les habitants payèrent son mobilier.) — Maurice, Nicolas, du 19 mars 1632 au 27 décembre 1652. — Girault, Pierre, 8 janvier 1653, résignataire, le 17 août 1680, âgé de 69 ans. — Brichet, Pierre, du 27 décembre 1674 au 13 janvier 1693, âgé de 48 ans. — Cercler, N., de septembre 1691 à septembre 1701. — Aubry, N., du

1er octobre 1701 à juillet 1703. — Martin, René, du 24 août 1703 au 17 décembre 1719, âgé de 52 ans. — Farion, François, de janvier 1720 au 3 mai 1742. — Macé, Joseph, du 22 décembre 1742 à novembre 1744, permute pour Angrie. — Fruitier, Philippe, du 22 novembre 1744 au 11 mars 1774, né à Angers. —Chauveau, Antoine, 13 avril 1774, va à Bouillé-Ménard, en 1785. — Besnard, François, 25 janvier 1786, officier public en 1792, était né aux Rosiers. — Guichard, François, vicaire, prêtre assermenté, né à Candé, chapelain, mort le 24 fructidor, âgé de 64 ans. — Raimbault, Pierre, arrivé à Candé en 1802, mort le 19 février 1816. Sa première signature, le 17 juillet 1802. — Baugé, L., vicaire en 1812, curé le 12 mars 1816, mort le 17 février 1872, inhumé sous la croix du cimetière, avec M. de Villette. — Meslet, Fr., vicaire, curé en 1872, né à Vern.

NOMS DES CURÉS DU CANTON EN 1808

Raimbault, Pierre, à Candé. — Huard, Louis, à Angrie. — Hervé, Jean, à Challain. — Angoulevent, Pierre, à Chazé-sur-Argos. — Perère, Pierre, à Freigné. — Tijou, Gaspard, à Loiré.

JUGES DE PAIX DE CANDÉ DEPUIS 1791, ET GREFFIERS

1791-1792. Edin de la Touche, François-Pierre, juge de paix. Grosbois, Pierre, greffier ; Joseph,

Gruau, commis-greffier. — 1793. Huart, Pierre-Michel, juge de paix. Girard, Charles, greffier. — 1797. Charlery, Alexis, juge de paix ; le même, jusqu'à 1816. Girard, Charles, a été greffier depuis 1794 jusqu'à 1806. — 1816. Letort, Charles, juge de paix, du 2 septembre 1816 au 20 novembre 1830. Huart, Stanislas, greffier, de 1806 à 1842. — 1840. Grosbois, Jacques-Ferdinand, juge de paix, du 20 novembre 1830 au 1er avril 1849. Perron, Pierre-Louis, greffier, de février 1842 au 1er janvier 1880. — 1849. Boucé, Louis, ex-notaire, juge de paix, du 1er avril 1849 au 7 avril 1860. — 1860. M. Lefaucheux La Cadorais, Ferdinand, ex-notaire, juge de paix le 7 avril 1860, a donné sa démission le 1er juillet 1880. M. Perron, Edouard, greffier, du 1er janvier 1880. — 1880. Yvart, juge de paix, du 30 août 1880 au 5 mars 1884. — 1881. M. Milon, juge de paix, du 9 avril 1881 à septembre 1881. — M. Thibault, juge de paix, du 3 décembre 1881.

M. BAUGÉ, CURÉ DE CANDÉ

M. Baugé, Louis, était fils de M. Louis-Joseph Baugé et de dame Marie Brouillet. Il était né à Angers, le 11 mars 1788, et il fut élevé au prytanée de La Flèche. Il fut nommé vicaire de Candé en 1812 jusqu'au 12 mars 1816, qu'il fut nommé curé en remplacement de M. Raimbault, Pierre, décédé le

19 février de la même année. Il a augmenté de ses deniers une précieuse bibliothèque, qui est restée à la cure; il a construit deux ailes de chaque côté des bâtiments de la cure ; il a acheté l'ancien hôpital Saint-Joseph près la cure; il a fait bâtir une maison près l'église et a donné le tout à la fabrique.

La cure de Candé date de 1778. La première pierre en fut placée le 8 juin, sur le terrain de l'ancien château, appartenant à l'hôpital. Elle a été agrandie, et ses dépendances ont été transformées par le dernier curé de Baugé. Celui-ci, ayant acheté l'ancien hôpital, fit bâtir sur son terrain joignant la cure une aile pareille à la première ; la partie de jardin qui se trouve au sud de ce bâtiment appartient également au curé.

L'église a été reconstruite à neuf par M. le curé Baugé, sous l'architecte Bonnet; le chœur vers 1824, et la nef entourée de chapelles, il y a environ vingt-huit ans. La fenêtre placée au bas de l'église est venue de l'ancienne église de Saint-Mars-la-Jaille. Le clocher terminé par deux tours carrées, est achevé depuis une vingtaine d'années ; les trois cloches sont encore dues à la bienveillance de ce curé : elles ont été fondues en 1820. Cette église a été rebâtie en partie par ledit curé, à ses frais, et par des offrandes ; le gouvernement n'a presque rien dépensé, quelques mille francs seulement. On a trouvé par hasard à Candé, près la Briantaie, un rocher de granit de couleur rouge, dont on a entouré les portes latérales de la nouvelle église, ainsi que les croisées de la sacristie. Il a fondé et arrenté l'école des frères de Candé, et, à travers les oppositions de tout genre, il était parvenu à mener toutes ses entreprises à bonne fin. Il est décédé à Candé, le 17 février 1872, et a été enterré dans un caveau, sous la croix de marbre du cimetière de Saint-Nicolas, à côté de M. de Villette, vicaire, et Chaillous, aumônier de Saint-Jean. Il a donc été quatre ans vicaire et cinquante-six ans curé, en tout soixante ans.

Une petite histoire de ce brave curé, qui aimait à faire des tours. Etant allé, un jour, à Marans, voir le curé, M. Courtois, son ancien vicaire, il vit dans la cheminée de la cuisine une belle andouille; il se dit : Si je pouvais l'emporter, je l'inviterais à venir en manger. Alors il dit à son garçon : André, tâche donc de me cacher cette andouille dans la voiture, nous allons l'emporter. André trouva un moment favorable, la prit et la mit dans le coffre de la voiture; mais, avant leur départ, le garçon de Marans s'aperçut que la cheminée était dévalisée. Il courut à la voiture du bon curé de Candé, reprit son objet et remit dans le même fourreau une garniture parfaitement semblable et bien ficelée. Arrivé à Candé, on trouva bien le fourreau de l'andouille, mais rempli de chiffons. André alla dire cela au curé, qui lui répondit qu'il était un sot; que le garçon du curé de Marans était plus fin que lui. André, sans s'emporter, lui répondit : M. le curé, j'ai toujours entendu dire qu'un voleur qui vole l'autre, le diable en rit. Le curé lui répondit : Peut-être, mais le péché est fait, et nous ne mangerons pas d'andouille.

L'ÉVÊQUE D'ANGERS, Mgr MONTEAU, A CANDÉ

En 1818, Mgr l'évêque d'Angers vint bénir l'église de la Cornuaille et donner la confirmation ; de là il vint à Candé, la veille du sacre de juillet. Il donna la confirmation, et désirait assister à la procession, dans l'après-midi ; mais, vers trois heures, il fit un orage épouvantable ; beaucoup de chênes et surtout de châtaigniers furent dépouillés de leurs branches. Ne pouvant faire de procession, Monseigneur dit à M. le curé Baugé de chanter les complies, ce qu'il fit et a toujours continué tant qu'il a vécu. Le curé actuel ne les chante plus.

Mgr FREPPEL A CANDÉ

Mgr Freppel, évêque d'Angers, est arrivé à Candé le vendredi 24 avril 1874, à six heures du soir ; le clergé, le conseil municipal, en grande majorité, la musique, les pompiers, la gendarmerie, toutes les écoles, avec plus de 600 étendards, tout cela était réuni à l'hôpital à l'attendre. En arrivant, Monseigneur prit M. Letort, maire, par le bras pour visiter l'hôpital, et ensuite on le conduisit processionnellement à l'église, qui était tendue de banderoles et d'oriflammes : à l'entrée de la rue Saint-Denis, il y avait un arc de triomphe, avec les armes de l'évêque, de l'Alsace-Lorraine et de Candé. (Il est Alsacien).

Les rues par où devait passer la procession étaient décorées ; il y avait même un arc de triomphe à Villegonthier, un autre à la Babinière, dont le propriétaire, M. Normand, aujourd'hui maire de Candé, a fait arrêter la voiture du bon évêque, l'a prié de bénir une petite Vierge qu'on appellera Notre-Dame de la Babinière, et lui a ensuite offert une collation. Pendant ce temps, le valet du seigneur évêque est allé faire visite au fermier du lieu, qui était son père ; aussi sommes-nous restés plus de trois quarts d'heure en faction dans la cour de l'hôpital, à attendre. A son arrivée, M. Letort, maire, lui a fait un petit compliment rempli d'actualité et d'à-propos, sur le bonheur que causait son arrivée à la population presque entière de Candé. Le prélat a dit qu'il était heureux d'avoir à répondre à un magistrat aussi digne et dont la réputation lui était bien connue, pour les services qu'il avait rendus au pays comme maire et comme médecin. Il a été on ne peut plus gracieux, répandant les bénédictions à flots : les femmes qui avaient le bonheur d'être mères, venaient en foule, pendant la procession, faire bénir leurs enfants au seigneur évêque, qui ne manquait jamais de les récompenser d'un bienveillant sourire, si bien que la procession a duré presque une heure de parcours. Jamais réception n'avait été plus solennelle.

A l'église, M. le curé a fait un rapport sur le bien qui se faisait à Candé, soit en dons à l'église, soit en bonnes œuvres par les bureaux de bienfaisance, de charité et par la société de secours mutuels !

Mgr l'évêque a répondu par un discours chaleureux, qui s'est terminé à peu près par ces mots : « Je garderai toute ma vie le précieux souvenir de l'affectueuse réception qui vient de m'être faite par la bonne population de Candé. » Le lendemain, il a visité les écoles, qui étaient toutes décorées ; il a aussi visité Mme Frotté, qui a 94 ans et qui est aussi bien que possible pour cet âge. Il a toujours été accompagné de M. le curé, de M. le maire, de M. le juge de paix et de la commission des écoles.

SACRE DE JUILLET A CANDÉ

Le dimanche 5 juillet 1885, une grande et belle fête avait attiré beaucoup de monde à Candé. C'était la fête de la confrérie des Agonisants, appelée généralement le sacre de juillet, parce qu'elle arrive toujours le premier dimanche de juillet. Cette fête, déja vieille, fut établie en 1654, mais la bulle du pape Benoît XIV est datée du 14 août 1756: elle est, depuis cette époque, devenue très chère à tous et très populaire à Candé. Le dimanche 5, le temps était beau, la foule était grande, venue à pied, en voitures et en chemin de fer. On comptait cinq brillants reposoirs, véritables chefs-d'œuvre de grâce et de fraîcheur, élevés depuis le matin comme par enchantement; les rues par où passait la procession étaient toutes magnifiquement décorées; on ne voyait que fleurs, couronnes, verdure et guirlandes.

Le suisse, nouvellement nommé et portant un costume superbe, marchait en tête des petites filles en robes roses ou blanches; des chœurs de jeunes chanteuses et les enfants de toutes les écoles, avec des fleurs ou des oriflammes en mains, précédaient le dais.

La société de musique, la *Lyre candéenne,* toujours complaisante et heureuse de prêter son concours en toutes circonstances, conduite par son chef, M. Edouard Perron, faisait entendre ses plus beaux morceaux; la compagnie de pompiers, qu'on vient de réorganiser avec beaucoup de peine, désirait vivement escorter le dais comme les années précédentes; mais impossible, un ordre supérieur lui a défendu de paraître.

Voici ce que rapporte Valuche sur la fondation de la confrérie des Agonisants à Candé : Le dimanche 16 août 1654, par permission de Notre Saint-Père le pape Innocent et l'évêque d'Angers, Arnaud de Juigné, il a été établi, à Candé, une confrérie dite de

Notre-Dame-des-Agonisants, auquel jour de l'établissement on a porté le saint Sacrement solennellement par-devant le presbytère et par la rue aux Moines, avant vêpres. Il y a eu prédication après vêpres, mais beaucoup de personnes renoncèrent à y assister, à cause de la peste, qui était à Candé. J'ai ouï dire qu'il n'y avait qu'une confrérie semblable en France, à Châlon-sur-Saône.

Et le même jour, des capucins, faisant la mission en Anjou, établirent à Candé le rosaire perpétuel. (*Valuche, fol. 67.*)

La bulle du pape Benoît XIV, qui accorde des indulgences à perpétuité à tous les fidèles qui sont ou seront associés à la confrérie des Agonisants, érigée dans l'église paroissiale de Saint-Denis de Candé, est datée ainsi : Donné à Rome, à Sainte-Marie-Majeure, le 14 août 1756, de notre pontificat la seizième année.

Statuts de l'évêque d'Angers Vaugiraud, le 19 décembre 1756.

Statuts de Mgr Charles Monteau, évêque d'Angers, le 15 décembre 1832.

Entre la fondation de cette confrérie et la bulle du pape Benoît XIV, il y a une distance de 102 ans.

Anciennement et jusqu'à 1820 environ, les personnes qui faisaient partie de ladite confrérie allaient sur deux rangs devant le dais, les femmes un cierge ou une bougie à la main, et ensuite une vingtaine d'hommes portant chacun une torche d'une longueur d'environ trois mètres, surmontée d'un bout de cierge. A l'arrivée à l'église, tous les cierges et bougies s'allumaient pour la bénédiction.

UN BAL A CANDÉ

En ce temps, vers 1825, les bourgeois de Candé se fêtaient toujours aux approches de carnaval, et, après le repas du soir, la jeunesse s'amusait et, pour cela, on faisait venir le bon père Bouvris, avec son violon.

Je me rappelle une petite chanson qui fut faite à l'occasion d'une de ces fêtes et que voici :

C'est dans notre ville, que Pierrot Bouvris
Ose appeler filles nos dames à fris-fris,
Etant en ribotte, il disait tout bas :
Hardisez les filles, en avant les gas.

Pour trouver chaussure, chacune à son rang
Dansait en mesure devant son galant.
Plus d'une bigote redisait tout bas :
Hardisez les filles, en avant les gas.

Voilà-t-il pas qu'on cite Bouvris aussitôt
Devant la justice de tous les tripots.
Il faut qu'il excuse son vilain propos :
Hardisez les filles, en avant les gas.

Excusez, mesdames, excusez Bouvris,
Quand on est en danse, on croit tout permis.
Y aurait-il cadence si on ne disait pas :
Hardisez les filles, en avant les gas.

DEUXIÈME PARTIE

Candé depuis un siècle, Révolution, Empire, Restauration. Anecdotes et commerce.

En 1612, le seigle valait 10 sols le boisseau; le froment, 14 sols.

PRIX DES DENRÉES AU MARCHÉ EN 1645

En automne, il a tant été cueilli de vin et de cidre qu'on ne pouvait avancer aux tonneaux ; il a fallu que beaucoup attendissent, pour faire leur cidre, qu'il y eût des tonneaux de vin nouveau vides. Le vin coûte sur les lieux 20 livres la pipe, en Anjou et en Bretagne, 12 livres, le cidre, 4 livres la pipe. Mais le débit est grand : on paye à Candé 4 sols le pot de vin et le cidre un sol le pot ; les tonneaux à mettre du vin valent 45 sols ; les avoines ont été chères et valent le prix du bled. 13 sols le boisseau;

les châtaignes, 12 sols le boisseau, mesure de Candé. (*Valuche, folio 58.*)

MAISON BOUCÉ

La maison Boucé, située à l'angle des rues Bourgeoise et de la Croix-Blanche, appartenait, en 1684, à M. Abraham Douard. Elle avait, comme celle de M. Logereau, un superbe pavillon surmonté de deux girouettes. Cet endroit se nomme le carrefour du Frêne, et, de l'autre côté de la rue de la Croix-Blanche, sur la rue des Hauts-Bourneufs, il existait un hôtel nommé la Croix-Verte, qui fut détruit par le feu, et sous lequel il était resté une belle cave voûtée en pierre, qui a servi à la nouvelle maison, bâtie, il y a quelques années, par M. Rousseau, pour déposer des grains pour alimenter son usine.

MAISON BESNIÉ, JOSEPH

M. Besnié, Joseph, a fait construire une maison entre la rue Saint-Jean et celle de la Roirie ; il y a aussi établi un beau pavillon, surmonté de deux girouettes charmantes, avec les lettres des quatre vents.

HOTEL DE LA POSTE A CANDÉ

L'hôtel de la Poste, situé rue Saint-Jean, appartenait, en 1780, à M. Pierre-Grégoire Huard, notaire à Candé, et dame Marie-Jeanne Leroux. Il était de la garde nationale de Candé ; il a été tué à l'affaire du Pont-Barré, en la commune de Beaulieu, le 19 septembre 1793. Ils avaient une demoiselle du nom de Marie-Jeanne Huard, née à Candé le 26 août 1787, qui se maria, le 2 septembre 1806, à M. Charles Bedane, receveur de l'enregistrement à Candé.

INDUSTRIES CANDÉENNES

Nous possédons à Candé, depuis une vingtaine d'années, un bel atelier de machines agricoles construit par feu M. Maguis-Dupré, serrurier, qui a fort bien réussi et qui occupe beaucoup d'ouvriers de divers métiers ; il est tenu aujourd'hui par son fils, qui y a ajouté une fonderie.

M. Rousseau, négociant et boulanger à Candé, a établi dans une partie des constructions de Mme Maguis une minoterie de premier ordre à laquelle il ne manque rien. Presque tous les blés du pays lui sont livrés ; il fait bien huit cents doubles décalitres de farine par jour.

Nous possédons à Candé une boulangerie coopérative qui marche bien et fait un bien immense à Candé.

Nous avons une société de secours mutuels qui soulage tous les ouvriers peu aisés, comme aussi un bureau de bienfaisance.

Nous avons encore deux briqueteries sur la grée Saint-Jacques, dont une est située sur la commune de Vritz.

Nous avons toujours deux tanneries bien exploitées, l'une par M. Gauthier, l'autre par M. Jolivet fils; ce dernier possède un moulin à tan muni d'une machine hydraulique. Nous avons des ardoisières, à deux kilomètres de Candé, sur la commune d'Angrie; il y en avait encore sur la commune de Vritz, mais elles ont été abandonnées.

MAIRIE ET ÉCOLE MUTUELLE

Nous avons la mairie dans la rue Saint-Jean, et, à côté, se trouve l'école mutuelle des garçons, nouvellement bâtie par la ville; une école libre de garçons, tenue par les Frères de la Doctrine Chrétienne, rue aux Moines, et deux écoles de filles.

MAISON PARROT, PROPRIÉTAIRE

Au bas de la Grande-Rue, se trouve la place des Halles, dite anciennement la place de la Cohue. La maison appartenant à M. Parrot a été construite sur l'emplacement des halles de Candé; on rendait la justice dans les chambres situées sur le porche. J'ai encore vu l'ancien bâtiment, où se trouvait une grande porte de sortie, à l'ouest, sur la petite place.

BEAULIEU ET MOIRON

Sous le premier Empire, 1798 ou environ, on fit élargir la chaussée du pont de Beaulieu, telle qu'elle existe aujourd'hui. Auparavant, le passage ne pouvait guère servir qu'aux gens de pied, les charrettes passaient dans le gué. Je me rappelle avoir vu, jusqu'à moitié de la rue du Cantillier, une charroyère de plus de cinquante centimètres en contre-bas de la rue. Un autre inconvénient : il y avait à Moiron un étang et un moulin à l'eau, et, lorsqu'il se trouvait une crue d'eau, le propriétaire, vers onze heures du soir, levait ses portes et inondait toutes les maisons du Cantillier. Tel était son bon plaisir, avant que la route d'Ingrandes ne fût faite. Les deux ponts de Beaulieu ne pouvaient quelquefois suffire au passage des eaux ; on était obligé d'ouvrir les portes qui pouvaient servir de passage à l'eau et de mastiquer ou faire des chaussées dans celles des maisons d'habitation. Un jour de grandes eaux, c'était un lundi, jour de marché, un voiturier voisin a passé le monde en charrette toute la journée.

EXTRAIT D'UN AVEU DE BOURMONT DE 1738

Vers 1738, M. de Bourmont vendit au sieur Mingard, meunier, l'étang de Moiron, le moulin à l'eau et celui à vent.

16

Le moulin à eau de Moiron ou de Noyon avait droit d'élever les eaux à la hauteur de la chaussée, droit de chasser, tendre et trésurer et y prendre et faire prendre toutes bêtes à pieds ronds et à pieds fourchus, pour Freigné comme pour la commune de la Cornuaille.

Le moulin de l'arche de Beaulieu était du domaine de Bourmont.

M. BESNARD, CURÉ DE CANDÉ

M. François Besnard, né aux Rosiers le 12 mars 1751, fut nommé curé de Candé le 25 janvier 1786. En 1792, la Révolution arrivée, il fut nommé officier public; aussitôt il déposa ses lettres de prêtrise au district de Segré et épousa, le 5 frimaire an II de la République (25 novembre 1792), demoiselle Marguerite-Scolastique d'Allier, sœur hospitalière à l'hôpital de Candé, fille de feu Pierre d'Allier, receveur dans les aides, et de Thérèse Bellanger; elle était nièce de M. Antoine-Nicolas Bellanger, décédé curé de Saint-Mars-la-Jaille, que j'ai connu.

Furent présents au mariage : M. Potel, notaire; François Chauveau; Lachèse, officier municipal.

Elle ne fut pas plutôt mariée qu'elle s'en repentit. Elle est décédée le 12 fructidor an III (8 septembre 1793), âgée de vingt-six ans, après neuf mois et demi de ménage. Ils eurent un fils ; on a dit qu'elle était morte de chagrin, en traitant son mari de monstre.

Un jour, Mlle Louise Gelineau, tante de ma femme, qui était son amie intime, lui dit : Peut-on se fier en vous maintenant ; car vous connaissez toutes les retraites de nos pauvres prêtres. Elle répondit : J'ai commis une grande faute, Mademoiselle, je n'en commettrai jamais deux. En effet, elle n'a jamais divulgué son secret.

M. Gaudin La Sucherais fut assassiné en 1792, dans la ruelle du Four, à Candé; on a toujours cru que c'était l'œuvre du citoyen Besnard. Quelque temps après, il fut arrêté par les chouans et conduit prisonnier à Bourmont; peu de jours après, il trouva le moyen de s'échapper et retourna aux Rosiers, son pays natal, où il est mort sans foi ni croyance.

Son fils, il paraît, n'a pas été plus heureux : il s'était marié avec une femme qui, dans des accès de folie, s'était imaginée avoir pour mari l'antéchrist. On dit que c'est elle qui le fit assassiner par son jardinier.

Un jour, ce M. Besnard est revenu à Candé ; c'etait vers 1820. Il alla faire visite aux demoiselles Chauveau, cousines de Mlle d'Allier ; elles ne voulurent pas le recevoir. De là, il alla voir Mme Nourry, qui était également une Chauveau ; il y fut bien reçu. Le jour de la Fête-Dieu, lors du passage de la procession, il eut l'impudence de se montrer par une croisée, au premier, donnant sur le passage de la procession. M. le curé Baugé le reconnut ; il se tourna aussitôt vers les chantres, entonnant de toutes ses forces le *Miserere*, et tout le monde fut stupéfait sans pouvoir deviner pourquoi. Les personnes chez qui il était en ont longtemps gardé rancune au curé pour cette sortie. (J'étais à côté de M. Baugé à ce moment-là, comme enfant de chœur.)

PEUR DE LA MADELEINE, EN 1792

En 1792, le 22 juillet, jour de la Madeleine, une panique se répandit le même jour par toute la France, et les gens qui se sauvaient montaient tous du côté d'Angers. Il vint jusqu'à Saint-Mars-la-Jaille des faucheurs qui étaient à faucher dans la prairie de Mauves et ailleurs près Nantes, et qui se sauvaient, leur faux sur l'épaule, sans savoir ni pourquoi ni comment. Mon grand-père Perron, qui demeurait alors à Saint-Mars, à cause de la confection du château, voyant tout le monde se sauver, dit à ses voisins : « Faisons comme les autres, allons nous cacher. » Ils furent tout d'abord sous le pont de la Grenouillette, non loin du bourg, dans un endroit où il n'y avait pas d'eau, se croyant là bien en sûreté. Le soir, une femme, accourant du côté du bourg et dont les cotillons faisaient grand bruit, cria en passant sur le pont : « Sauvez-vous, mon Beriau (Gabriel), ils disant que c'est des Turcuques (Turcs). » Alors nos réfugiés du pont prennent leur course et vont passer la nuit dans un champ de genêts.

M. le marquis de la Ferronnays, de son côté, fit monter à cheval tous ses domestiques pour surveiller le château et ses environs. Le lendemain, tout était fini. Cette peur eut lieu par toute la France le même jour. Ce fut le signal du commencement de la grande Révolution. (Dires de Jean Perron, mon oncle, qui était là.)

AFFAIRE DU PONT-BARRÉ

La garde nationale de Candé fut commandée et partit, le 13 septembre 1793, pour Angers. Ils eurent une affaire sur la commune de Beaulieu, qu'on a appelée la bataille du Pont-Barré : c'était le 19 septembre an II. M. Henri Bessin, époux de Marie Potel, y a été tué, et M. Pierre-Grégoire Huard, de la Hueterie, ainsi que le sieur Joseph Gruau, commis greffier de la justice de paix, et François Derouin.

PASSAGE DE L'ARMÉE DE LA VENDÉE A CANDÉ

Le passage de la Loire eut lieu le 18 octobre 1793. C'est là que fut tué Bonchamp, à la Meilleraie. Le

20 octobre de la même année 1793, eut lieu à Candé le passage ou invasion de l'armée de la Vendée, dite des brigands de la Vendée. Mon oncle Jean Perron, qui faisait partie de la garde nationale de Candé, m'a dit que M. Grosbois, qui commandait la compagnie, après avoir passé la revue sur la place, commanda de faire retraite sur la route de Châteaubriant ; tout le monde se sauva par Saint-Denis.

Mais mon oncle dit à ceux qui l'entouraient d'aller passer par la planche des Graveaux ; qu'il était dangereux de passer au bas de la Grée, parce qu'il y avait parmi les Vendéens plusieurs personnes de Candé, qui ne manqueraient pas de venir par les Moulins-Neufs. Ceci arriva, en effet. Aussi, ils furent vigoureusement poursuivis jusqu'au Jarrier ; ils perdirent onze personnes, et, s'ils n'avaient pas eu avec eux une soixantaine de cavaliers pour ralentir la poursuite des brigands, ils en auraient encore perdu bien davantage.

Voici les actes de décès de l'état civil :

Devant nous, René Guérin, officier municipal de Candé, ont comparu : Grégoire Lachèse, agent national ; René Ervochon, cloutier ; Pierre Vallée, sellier ; Charles Denis, poêlier, lesquels ont déclaré et assuré qu'à l'assaut des brigands de la Vendée, lors de leur invasion par la Loire, le 20 octobre 1793, ils voulurent résister à leurs forces ; mais, la voyant trop formidable, ils se reployèrent en combattant sur la route de Châteaubriant, avec la force armée républicaine stationnée audit Candé. Le citoyen Pierre Grosbois, apothicaire, capitaine, commandant une compagnie de garde nationale de Candé, fut tué vis-à-vis la métairie du Chêne-de-Mandie, de Vritz. Il a été enterré au bourg de Vritz.

Ont signé : Guérin, Ervochon, Vallée, Charles Denis. Même acte pour Mathurin-Jean Houillot, cloutier, mari de Catherine Lodé ; Hilaire Garnier, bourgeois à Candé ; Mathurin Séjourné, maçon ; Victor Bossé, maçon et six cavaliers : total, 11 personnes. *(Etat civil de Candé.)*

PROMENADE SUR L'ANE A CANDÉ

Lors de la grande Révolution, on avait planté un arbre de la liberté sur la place du Marché, près les halles, et là on faisait monter les femmes et même les filles des suspects de royalisme sur un âne, puis on les conduisait, le visage du côté de la queue, qu'elles étaient obligées de prendre en guise de guides, pour saluer l'arbre de la liberté. On leur faisait encore faire la promenade au bras d'un nègre, en chantant :

> Et dans sa main tenant la queue
> Pour demander pardon à Dieu.

Un jour, Mlle Livergnage monta sur l'âne ; son frère, le maréchal, se trouvant par là avec ses tenailles en mains, la fit descendre, monta à la chambre commune, et, comme il était excessivement fort, peu s'en fallut qu'il n'en fît sauter par les croisées les conseillers présents : on lui céda.

Mme Anne Gélineau, tante de ma femme, épouse de M. Quenelle, capitaine dans l'armée de la Vendée, tué à la bataille du Mans, fut promenée sur l'âne, ayant été dénoncée. Elle fut enfermée pendant six mois au Calvaire, à Angers. Elle eut la chance d'être libérée au 9 thermidor. C'est elle-même qui a conté cette histoire.

MÉNARD, D'ANGRIE (DIT SANS-PEUR)

Dans le temps de la chouannerie, un jour, Ménard, dit Sans-Peur, se trouva acculé du côté du Lion-d'Angers par les républicains. Les quelques hommes qu'il avait avec lui refusèrent de l'écouter ; il resta seul au milieu d'un carré. Les républicains criaient victoire ; Sans-Peur, sans s'épouvanter, lança son cheval sur le côté du carré, en face d'un chemin ; arrivé sur le carré, il tira un coup de pistolet dans la tête de son cheval, qui s'abattit sur le carré : la peur fit ouvrir les rangs et donna le temps à l'entrépide Sans-Peur de se sauver sans avoir de mal. *(Dire du fils Ménard.)*

BORRÉ LA BIDOCHE

Comme dit la chanson, « février en carnaval fait courir les masques au bal. » C'est un peu vrai. J'ai ouï dire que, dans le temps de la Révolution, à un carnaval, un nommé Borré, de Candé, homme intelligent, avait fait une cavale avec des osiers, très bien caparaçonnée, parfaitement semblable au cheval. Il avait attaché, de chaque côté, à la selle, des jambes garnies de bottes à revers jaunes avec éperons et étriers, avait fait un mouvement mécanique à l'intérieur et, debout dans sa cavale, on aurait dit qu'il était monté dessus. Il la faisait admirablement manœuvrer ; il a fait, à heure convenue, le tour de la ville ; il s'est rendu à un bal organisé sur la place, où la cavale et le cavalier ont été acceptés par les jeunes filles pour un quadrille, je crois, mais je n'en suis pas sûr. Tout le monde s'est bien diverti, mais le revers de la médaille est que l'auteur de ce beau fait a toujours gardé le nom de Borré la Bidoche.

Une autre histoire de ce temps-là sur le même nom : Borré dit à sa femme : Ma femme, dis-moi donc, dis-moi donc, je t'en prie, ce que c'est qu'une opinion. — C'est un Béton plongé dans l'ignorance. A ce sujet, tu peux bien opiner. *(L'auteur, M. Garnier.)*

LE GÉNÉRAL VACHOT A CANDÉ

Extrait de la Revue de l'Anjou.

24 fructidor an II.

Les administrateurs du district aux représentants du peuple près l'armée de l'Ouest :

Nos maux sont à leur comble, nos dangers sont pressants, et si la Convention nationale ne vient promptement à notre secours, il ne nous restera plus qu'à mourir de faim ou à périr par les mains des chouans ou des brigands qui nous entourent. Depuis un mois, nous n'avons cessé de faire retentir au Comité du Salut public ces vérités terribles, et nous nous étions flattés que les derniers cris de notre détresse avaient été entendus.

28 messidor an II.

Aux membres du comité révolutionnaire à Candé.

Frères et amis,

Nous nous empressons de vous informer qu'il vient de nous être fait une déclaration que le général Vachot, commandant à Candé, avait avec lui deux femmes que le public considérait comme brigandes ;

qu'une d'entre elles avait un trésor caché aux environs de Candé ; que le général lui avait prêté un cheval et l'avait fait assister de deux cavaliers d'ordonnance pour aller chercher ce trésor ; que les deux cavaliers ont été tués. On assure que le général fait manger avec lui le brigand de Leclerc La Ferrière.

En conséquence, vous sentez de quelle importance devient cette affaire, et nous vous prions de ne point perdre un instant à prendre des renseignements ; aussitôt qu'ils vous seront parvenus, nous vous prions de nous en instruire.

M. BANCELIN AU DISTRICT DE SEGRÉ

Segré, 4 pluviôse an II.

Au républicain Félix, président du Comité.

Je viens te demander la liberté de ma mère, âgée d'environ 70 ans, mère de 40 enfants, douée du caractère le plus doux et le plus humain. Sa seule faute, elle n'allait pas à la messe des prêtres assermentés... Rends-moi ma mère et je te réponds sur ma tête.

Le receveur du district de Segré,

BANCELIN.

Observation : Ce devait être la belle-sœur de M. Potel, fille de M. Bessin, notaire à Candé. (*Revue d'Anjou, volume 17, page 61.*)

BRUNEAU, MATHURIN, AU CHATEAU D'ANGRIE

Un tout petit jeune homme, natif de Vezins, fils d'un sabotier, peu d'années après la mort de Louis XVI, vers 1800, partit de chez son père pour aller mendier de bourg en ville, je pense. Ayant entendu parler du fils du roi et ayant déjà reçu une certaine éducation, il ne trouva rien de mieux que de se faire passer pour le Dauphin, que sa servante aurait abandonné. Arrivé au château d'Angrie, il dit qu'on l'avait envoyé dans la Vendée, chez une dame, mais que, cette dame étant morte, la personne qui en avait soin l'avait abandonné. Quand il eut conté son histoire, M. de Turpin, enflammé de son récit, crut à un bienfait de la providence, ajouta foi à ses paroles, l'accepta au château et le fit soigner (c'est le cas de le dire) comme un prince. Au bout de quelques mois, les châteaux voisins lui firent des observations au sujet de son Dauphin. M. de Turpin, désabusé, lui fit avouer qu'il était de Vezins, dans la Vendée. Le lendemain, il le fit servir à la cuisine et pria le sieur Héran, son homme de confiance, de prendre un cheval, de le monter derrière lui et de le reconduire à Vezins, ce qui fut fait sur-le-champ. Arrivé sur la place à Vezins, il le fit descendre. Il s'y trouvait beaucoup d'enfants; alors il fut de suite reconnu :

« Ah ! d'où viens-tu, gas Bruneau ? Que tu es beau ! tu as l'air d'un petit monsieur. » (*Dire de Jean Perron, mon oncle.*)

Cette histoire fit du bruit dans toute la France, et la preuve, c'est que le fameux chansonnier Béranger a fait une chanson à ce sujet, dont je vais copier quelques couplets :

Quoi ! tu veux régner sur la France !
Es-tu fou, pauvre Mathurin ?
N'échange point ton indigence
Contre tout l'or d'un souverain.
Sur un trône l'ennui se carre,
Fier d'être encensé par des sots.
Croyez-moi, prince de Navarre,
Prince, faites-nous des sabots.

Des leçons que le malheur donne,
Tu n'as donc point tiré de fruit ?
Réclamerais-tu la couronne,
Si le malheur t'avait instruit ?
Cette ambition n'est point rare,
Même ailleurs que chez les héros.
Croyez-moi, prince de Navarre,
Prince, faites-nous des sabots.

D'ailleurs, ton métier nous arrange :
Nos amis nous ont fait capot.
C'est pour que l'étranger la mange
Que nous mettons la poule au pot.
De nos souliers même on s'empare
Après avoir pris nos manteaux.
Croyez-moi, prince de Navarre,
Prince, faites-nous des sabots.

MAILLE A PARTIR

Cette locution proverbiale vient de ce que la maille était une petite monnaie de cuivre des premiers rois capétiens; elle valait seulement la moitié d'un denier; il en fallait 24 pour valoir un sol; elle n'était pas ronde, elle était presque carrée et avait les quatre angles arrondis ; d'un côté, un H, et de l'autre, une fleur de lis, Henri II.

Elle n'était pas plus grande qu'une boucle de cotte de mailles. Dans le vieux langage, partir était équivalent de partager : de là, avoir maille à partir voulait dire avoir une maille à partager et, dans le sens figuré, avoir des différents, des querelles, des chicanes de peu de valeur.

MAISON DU JEU DE PAUME

Nous avons, à Candé, une rue nommée la rue du Jeu-de-Paume, et qui conduit à Saint-Denis. Vers le bas de cette rue, à droite, existe encore la maison du Jeu-de-Paume de ce temps-là, habitée par les époux Descures. Le pignon à l'est possède encore son ancienne pigeonnière, avec dix trous.

L'ASPHODÈLE OU BATON SAINT-JACQUES

L'asphodèle ou bâton Saint-Jacques est une plante qui vient sur les roches et les terrains incultes, sur le Chêne et le Colombier de Freigné, sur les grées d'Angrie, au nord de l'Erdre.

Dans les grandes disettes, surtout l'hiver de 1709, on fit ramasser, aux environs d'Angers, toutes les racines d'asphodèle qu'on put trouver; on les fit bouillir, et lorsqu'elles furent réduites en pâte, on y mêla de la farine d'orge; puis le tout, pétri, mis au four, fit de bon pain blanc que les pauvres mangèrent avec avidité.

Les racines d'asphodèle ont une âcreté qu'elles perdent dans l'eau bouillante; dans les temps de disette, on en a quelquefois extrait une farine avec laquelle on a fait du pain.

Les anciens plantaient l'asphodèle auprès des tombeaux; le vulgaire croyait que les mânes des morts se nourrissaient de ces racines.

Ce nom vient du grec et signifie sceptre; il fut donné sans doute à cette plante à cause de la forme de sa tige et de la disposition de ses fleurs. (*Dictionnaire des sciences naturelles, tome III.* »

SOUVENIR GLORIEUX DE M. DENIS TALOUR, LIEUTENANT EN RETRAITE, DÉCÉDÉ A CANDÉ LE 11 FÉVRIER 1858, DANS SA 85me ANNÉE

Le 12 février 1858, la ville de Candé a été témoin d'une de ces cérémonies touchantes qui font sur l'heure une vive impression et laissent pour l'avenir un grave souvenir ; c'était encore l'inflexible mort qui, la veille, venait de frapper une des gloires du premier Empire, une des plus modestes peut-être, mais non pas une des moins généreuses ni des moins certaines.

Depuis quelques années, les habitants de Candé voyaient tous les jours, avec attendrissement et inquiétude, s'affaiblir un bon vieillard de quatre-vingt-six ans, qui, néanmoins, par de fréquentes et assez longues promenades, s'appliquait à prolonger ses forces et à surmonter encore opiniâtrément les souffrances que lui avaient laissées de nombreuses et honorables blessures. Enfin, le 11 février 1858, M. Denis Talourd, lieutenant en retraite et membre de la Légion d'honneur, finissait ses jours, au milieu de sa famille éplorée, qui l'aimait et l'honorait à juste titre.

Né à Candé, le 20 mai 1772, il partit enrôlé volontaire au premier bataillon de Maine-et-Loire, le

15 septembre 1791 ; il fut caporal au 85me de ligne, le premier prairial an II ; sergent, le 3 frimaire an VII ; sous-lieutenant, le 19 avril 1812 ; lieutenant, le 2 avril 1813, et membre de la Légion d'honneur, le 13 juillet 1813. Peu de militaires, même les plus haut gradés, ont eu une carrière plus rigidement remplie. On peut dire de lui, sans exagération : Il a été le soldat cosmopolite, car il a fait vraiment toutes les campagnes, et, pour épargner à nos lecteurs une série longue et sèche de dates, nous donnerons seulement les noms des pays. Ainsi il assista à la bataille des Pyramides, en Egypte, et les soldats de cette époque sont rares, sans doute, après lui ; il fit les premières campagnes du Nord, des Alpes, d'Italie, et les premières d'Orient ; celles des côtes d'Orient ; celles des côtes de l'Océan ; ensuite, les grandes campagnes d'Allemagne, de Prusse, d'Autriche, de Pologne et toute la campagne et la pénible et désastreuse retraite de Russie ; enfin, les campagnes de Saxe et de France.

Devons-nous encore énumérer ses nombreuses blessures et tous ses actes manifestes et secrets de courage et de vertu ? Nous apprenons, par ses glorieux états de service, que nous tenons entre nos mains, que le 1er juin 1793, devant Valenciennes, il reçut un coup de feu à la tête ; que, le 14 frimaire an III, il fut blessé au bras gauche ; que, le 4 germinal an III, au siège de Lyon, il reçut encore un autre coup de feu au bras gauche; que, le 15 février an VII, à Saint-Bénouille (Piémont), il reçut un coup de lance, encore au malheureux bras gauche, et qu'à la fin du même mois de février, à Saint-Jean-d'Acre, en Egypte, il reçut un autre coup de feu, mais cette fois-ci dans le bras droit. Passons sous silence bien d'autres contusions et légères blessures, qui, comme il le disait lui-même, ne valaient pas la peine d'être citées, afin, par son silence, d'éviter l'ambulance... Enfin, pour couper court, par suite de la violation par nos ennemis de la capitulation de Dresde, il fut fait prisonnier de guerre et rentra en France le 29 juillet 1814.

Dès son début, M. Talour montra ce qu'il serait, c'est-à-dire un soldat; intérieurement vertueux, intrépide et rusé... A peine était-il au bataillon de Maine-et-Loire que le corps reçut l'ordre d'expulser les religieuses du Ronceray, à Angers, pour faire une caserne de leur couvent. La religieuse, femme énergique, refusa la porte; le commandant la fit briser par ses sapeurs, puis la troupe entra, irritée et peu disposée, on le pense bien, à épargner la liberté et la vie des religieuses; mais le jeune Talour, conservant encore tous les sentiments d'humanité, aperçut une autre porte favorable pour leur fuite, qui avait une issue sur terre, et fit échapper heureusement par là une vingtaine de ces dames. Ce trait magnanime, inspiré par une ruse de jeune homme et favorisé d'un plein succès, est sans doute des plus honorables pour le jeune Talour ; mais le trait suivant, conçu par une espèce d'inspiration providentielle, paraîtrait incroyable dans la bouche d'un autre homme que le brave lieutenant que nous pleurons aujourd'hui. A Lyon, où il monta, pendant le siège, des premiers à l'assaut, il reçut une mention honorable et un fusil d'honneur de Napoléon, qui avait déjà noté sa bravoure. M. Talour, que la providence semblait appeler auprès du malheur, assistait un jour par pure curiosité au tribunal révolutionnaire, où on venait de condamner à mort la supérieure d'un couvent, d'une noble extraction, dont la famille habitait les environs de Lyon. Le frère de l'accusée était dans l'auditoire, auprès du caporal Talour, et probablement il lisait sur la figure de ce brave soldat la douleur que lui inspirait la condamnation. Poussé par on ne sait quelle conception de confiance et d'espérance subite, le malheureux frère se jette dans les bras de l'humble caporal, qu'il n'avait jamais connu auparavant, et le prie, en fondant en larmes, d'intercéder pour sauver la vie de sa sœur. Apparemment qu'un brave ne voit jamais d'obstacle à rien et que la providence correspond aux efforts de la vertu, car M. Talour, tout simple caporal qu'il était alors, franchit, d'un bond, l'espace qui le séparait du président, lui demanda avec chaleur et prière la grâce de l'infortunée religieuse, et, comme il le disait lui-même dans les récits qu'il faisait de cette aventure :

« Je ne sais comme cela se fit : malgré mon humble « grade, malgré toute mon incompétence dans cette « sinistre affaire, les juges ne me repoussèrent pas ; « ils furent émus, ébranlés par la vivacité de mes « discours et de mes prières et m'accordèrent la « grâce et la liberté immédiate de la bonne supé- « rieure. Alors sa famille, qui ne s'attendait qu'au « supplice, maintenant ivre de joie, m'entraîne hors « de l'enceinte et me porte en triomphe jusqu'à son « château et m'y garde pendant huit jours comme « malgré moi, au milieu des soins les plus empressés « et les transports de la joie et de la reconnaissance. »

Nous le répétons, ces deux traits prodigieux, incroyables, de dévouement et couronnés tous les deux du plus heureux succès, étaient de ceux qu'entre mille autres, le brave lieutenant aimait à raconter dans les épanchements et les confidences d'amitié et de famille, et certes il n'est point de dignitaires, quelque éminents qu'ils soient, qui ne puissent s'en glorifier, et probablement que dans le cours de ses voyages et de ses campagnes, il aura fait bien d'autres actions empreintes du même caractère de hardiesse et de générosité ; mais sa modestie ne lui permettait pas de se les rappeler, ni de s'en glorifier.

Enfin, en 1814, brisé par ses blessures, ses marches et ses batailles, il obtint sa retraite, rentra dans ses foyers, où, considéré comme une illustration de notre pays, il fut appelé unanimement, pendant vingt ans, dans le conseil municipal. Là, ses avis furent souvent pris en considération, et c'est par son influence et ses sollicitations réitérées qu'une école de jeunes filles obtint une subvention, dont il savait parfaitement démontrer la nécessité.

Naturellement bon, d'un abord facile, très gai, malgré les souffrances de ses blessures, qu'il s'efforçait de nier, il éleva honorablement, à l'aide de sa pension, une assez nombreuse famille. Enfin, il était aimé et recherché par ses concitoyens, à qui il rendait tous les services qui dépendaient de son influence; aussi, au jour funèbre de sa sépulture, avons-nous vu, pour l'accompagner au lieu du repos, non seulement toutes les autorités de Candé, tout le conseil municipal, la brigade de gendarmerie, la compagnie des sapeurs-pompiers, précédée de la musique bourgeoise, mais encore les sociétés, dont il présida longtemps l'une, et presque tous les habitants de Candé, de tout âge et de tout sexe, riches et pauvres, venant unanimement donner une larme au brave soldat, au bon citoyen et au vénérable vieillard qu'ils rencontraient et saluaient tous les jours ; car chacun a voulu entendre raconter par ce vieux témoin oculaire de notre gloire toutes les fatigues qu'il avait éprouvées, toutes les batailles qu'il avait vues, et surtout cette fameuse retraite de Russie, qu'il avait battue depuis le Kremlin jusqu'en France, en passant par toutes ses cruelles péripéties.

Enfin, 19 jours avant son décès, lorsqu'il était alité

de la maladie qui l'a conduit au tombeau, M. de la Cadorais, maire de Candé, accompagné des sapeurs-pompiers, musique en tête, est venu jusqu'à son lit lui apporter, comme pour dernière récompense et dernière consolation militaire, la médaille de Sainte-Hélène, au son d'un brillant morceau du répertoire de notre musique.

Pour l'accompagner au lieu du repos, les coins du poêle étaient portés par M. Olivero de Rubiana, capitaine en retraite et propriétaire à Candé, chevalier de Saint-Louis et de la Légion d'honneur;

M. Letort, ex-juge de paix de Candé, ancien capitaine, chevalier de Saint-Louis et de la Légion d'honneur;

M. Maxkintorhs, ex-maréchal-des-logis de gendarmerie de Loiré, aujourd'hui en retraite et chevalier de la Légion d'honneur, qui a prononcé près de la tombe le discours funèbre, expression des hommages et des regrets de tous les assistants;

M. Perrier, ex-gendarme de Loiré, aussi en retraite et chevalier de la Légion d'honneur.

Ses décorations étaient portées sur un coussin par un vénérable vieillard octogénaire, aussi vieux soldat de l'ancien Empire, M. Fromentin, propriétaire à Candé. (*Extrait du Journal de Maine-et-Loire, du 22 février 1858.*)

Ses états de service portent 24. 23 campagnes, 5 blessures et prisonnier de guerre, rentré le 29 juillet 1814.

PRIX DES JOURNÉES D'OUVRIERS VERS 1820

Les maçons, 1 fr. 50 ; les charpentiers, 1 fr. 50 ; les menuisiers, 2 fr. ; les couvreurs, 1 fr. 50. Le mètre cube de maçonnerie coûtait 1 fr.

Prix des denrées : le beurre, 1 fr. le kilo ; le veau, 30 à 40 c. ; le bœuf, 80 c. ; le lard, 60 c.

Les journaliers : 60 c. et nourris ou 1 fr. sans cela.

PÈLERINAGE DE SAINT-CLÉMENT

Au milieu des vastes landes que renfermait naguère encore la petite paroisse de Saint-Sulpice s'élève, à demi cachée par des monticules de sable, une modeste chapelle dédiée à saint Clément, pape et martyr. Enveloppé comme un tombeau de silence et de mystère, le pauvre oratoire eût péri depuis longtemps dans la mémoire des hommes, si la dévotion des peuples qui l'environnent n'en avait prolongé l'existence en lui donnant une véritable célébrité.

Saint Clément, pape, fut exilé de Rome dans la Crimée, et, ayant refusé de sacrifier aux dieux, Trajan envoya un de ses officiers qui le fit jeter à la mer avec une ancre au cou. Quelque temps après, aux prières du peuple, la mer se retira et découvrit le tombeau du saint. Ce prodige a continué pendant plusieurs siècles, et il était toujours accompagné de guérisons et de grâces sans nombre, de sorte que le pays fut si vite converti qu'il n'y restait pas un seul infidèle.

Venons aux fosses de Saint-Clément :

Dans le registre paroissial de Saint-Sulpice-des-Landes, il se trouve beaucoup de faits arrivés depuis 1860, au sujet des processions de Saint-Clément.

Or il arriva, un jour, que le vicaire de Freigné, au moment de partir pour s'en revenir avec sa procession, voyant toujours le temps clair, se tourna vers le peuple et fit entendre ces paroles : « Si saint Clément ne nous donne pas de pluie en nous en retournant, jamais, non, jamais, je ne reviens lui demander quelque chose. » Une personne qui l'entendit parler ainsi lui dit : « Oh ! monsieur l'abbé, que vous êtes audacieux envers notre bon saint ! » En même temps, il fit au fond de son cœur cette prière : « Grand saint, montrez à notre abbé et à ceux qui l'ont entendu que vous avez le don des miracles. » Quand chacun eut satisfait sa piété, la procession partit ; mais déjà le ciel était couvert de nuages. A peine sorti du pâtis, la pluie se mit à tomber avec abondance et nous poursuivit jusqu'à Freigné. Comme personne ne doutait de la puissance du saint, chacun avait apporté son parapluie, précaution que le vicaire peu croyant n'avait pas jugée nécessaire. On lui fit porter la peine de son incrédulité, personne n'eut pitié de lui et ne lui offrit de le couvrir.

En 1866, le phénomène des fosses continuait encore, c'est-à-dire que quand tout le pays manquait d'eau, les fosses en regorgeaient et, dans les temps de pluie, elles demeuraient à sec. Aujourd'hui, on dit qu'elles ne marquent plus depuis qu'on y va laver et qu'on y a fait rouir du lin. (*Légende de Châteaubriant*.)

CHATEAU DE RAGUIN, EN CHAZÉ-SUR-ARGOS

Raguin est un superbe château gothique, qui appartenait à la famille de Contade et qui, je crois, est toujours à ses descendants. Cet endroit passe pour posséder beaucoup de cachettes qu'on n'a pas retrouvées. Je me rappelle y être allé avec M. Henri de la Brosse, qui se trouvait héritier, par don, des demoiselles Fromont, qui habitaient ce château depuis longtemps. Après l'inventaire, nous avons cherché les cachettes, mais inutilement.

Passons à autre chose :

Un événement singulier se passa au château à la fin de la Révolution :

Deux prêtres et un séminariste étaient réunis, un soir, dans l'une des salles du château et récitaient ensemble leur bréviaire.

Subitement, un fantôme leur apparut, debout devant eux, couvert de son suaire comme dans son tombeau.

Les abbés se turent, regardant effarément le spectre,

mais le plus âgé des prêtres éleva la voix : « Attendez, dit-il, que j'aie fini le psaume que je récite, et je vous écouterai, » et il eut le courage de terminer sa prière.

— Alors : « Esprit, que désirez-vous ? » demanda le vieillard.

« Autrefois, répondit le fantôme, j'ai laissé dans ce château un tableau obscène qui a perdu plusieurs âmes. Après ma mort, Dieu me condamna à séjourner dans le purgatoire jusqu'au jour où ce tableau serait anéanti. Aujourd'hui, il me permet de revenir sur la terre pour solliciter de vous cette destruction. Allez donc dans tel endroit du château, vous y trouverez la cause de mes souffrances. Détruisez ce tableau et vous me délivrerez du purgatoire.

— « J'irai, » répondit le prêtre.

Les ecclésiastiques se rendirent à l'endroit désigné, et, au fond d'une cachette qui leur était inconnue, — à eux qui croyaient pourtant connaître le château, — ils trouvèrent une toile d'une abominable impudicité, et ils la brûlèrent, et le spectre ne leur apparut plus.

Cette histoire a été racontée par M. Baugé, curé de Candé, qui avait, dans sa jeunesse, connu le séminariste, — lequel avait eu grand'peur de l'apparition.

FREIGNÉ, CANTON DE CANDÉ

Le bourg de Freigné, à 7 kil. de Candé, est une des communes les plus étendues du canton, 27 hectares ont été réunis à Candé, par ordonnance du 3 juin 1837. Elle possédait dans son enclave au moins 800 hectares de landes, dont le partage entre les usagers a eu lieu de 1839 à 1842. Les landes restées communales ont été aliénées en vertu d'une ordonnance du 23 décembre 1846; le produit a servi à la construction de sa belle église style Louis XIII, dont la première pierre fut placée le 19 avril 1849, de la mairie et de deux écoles communales, et à l'acquisition de la grande maison appartenant à M. Bongerard, pour en faire la cure, qui était autrefois le manoir de la famille de Ghaine. Sur la fenêtre centrale, se lit : « *1565. Turris fortitudinis.* »

En faisant les fondations pour l'église et en dressant le terrain autour, on a découvert une quantité de tombeaux, les uns composés de pierres-ardoises taillées et d'autres creusées dans des pierres coquillières venant de la ferme de la Bourgeonnais, où on avait fait de la chaux pendant quelque temps.

SAINT-GERMAIN, EN FREIGNÉ

Ancien prieuré dépendant de l'abbaye bénédictine de Saint-Gildas-des-Bois. La fondation, de date inconnue, en était due, comme il paraît par les aveux, aux seigneurs du Breil. Du temporel de la chapelle dépendaient, outre l'habitation, entourée de murs, des pâtis, bois, chênaies, futaies, prés, landes, brous, garennes, pêcheries, et le quart des moulin, chaussée et étang de Freigné.

La chapelle, autrefois attenant à un cimetière, qui fut bénie solennellement par le curé, le 2 février 1788, sert actuellement de hangar. Deux grossières statuettes en bois y sont conservées ; on venait encore les invoquer il y a 69 ans : l'une, saint Marc, pour préserver le bétail des mouches ; l'autre, saint Germain, pour guérir les enfants de la colique à l'aide de linges trempés dans une source voisine.

LA CORNUAILLE, PRÈS CANDÉ

La Cornuaille, canton du Louroux, est située à sept kilomètres un quart de Candé. Le bourg s'abrite d'une côte sur laquelle fut bâtie l'église, qui fut complètement incendiée pendant la Révolution. Elle fut reconstruite en 1807, sous le premier Empire. La charpente fut faite par la famille Gauthier, de Candé : un des membres de cette famille fit une chute lors du posage de cette charpente et s'y tua. On vendit les landes à plusieurs reprises, pour y faire construire la mairie, une école communale de garçons, une école de filles, la cure, et, plus tard, pour faire de grandes réparations à l'église.

LA CORNUAILLE ANNEXÉE A BOURMONT

Messire de la Tour-Landry, marquis seigneur de Bourmont, a acquis la châtellenie de la Cornuaille de M. de Turbillé, son cousin germain, laquelle Cornuaille était sortie de Bourmont et avait été baillée en mariage à la mère dudit sieur de Turbillé de Menou, qui était tante dudit sieur de Bourmont. Elle a coûté 45,000#. Le contrat fut fait à Angers, le 28 juillet 1647. *(Valuche, 62.)*

PROCESSION DE LA CORNUAILLE

M. Tessier, curé de la Cornuaille, oncle des demoiselles Laumailler, lors des Rogations, pour concilier les intérêts de ses paroissiens avec ceux de la religion, amenait tous les ans sa procession du lundi, jour de marché, à la croix de Saint-Gilles ; il y venait beaucoup de monde. Arrivé là, il faisait ramasser tous ses insignes religieux chez la veuve Chevallier, qui demeurait à côté, et alors chacun allait à Candé et avait la journée pour faire ses affaires. M. le curé s'en allait passer la nuit chez M. Laumailler, son beau-frère, et le lendemain, dès le matin, tout le monde était exact à la croix de Saint-Gilles, et la procession prenait le chemin de la Burelière vers neuf heures. Quelquefois, celle de Candé se joignait à celle de la Cornuaille, pour aller ensemble jusqu'à Villegontier ; il se trouvait souvent des bonnes femmes qui continuaient jusqu'à la Vectaie, sans s'apercevoir que la procession de Candé n'y était plus.

Le bon curé de la Cornuaille, qui était vieux et lourd, était monté sur une mule et disait toujours, après l'invocation du saint : *A hue ! A hue !*

COLLÈGE DE COMBRÉE

Pourquoi le collège de Combrée n'est-il pas à Candé ? C'est qu'en 1784 environ, un peu avant la Révolution, un prêtre, M. Lemonnier, natif du bourg de Challain-la-Potherie, où il a encore des parents, ayant désiré instruire la jeunesse, se mit en tête de prendre des élèves et d'établir un collège à Candé, dans les bâtiments de l'ancienne aumônerie de Saint-Jean. Au bout de quelques années, après la création des mairies et conseils municipaux, ces nouveaux seigneurs firent opposition à cette entreprise, en donnant pour raison que si on le permettait, ce serait un grand malheur pour Candé : les denrées deviendraient hors de prix, les pauvres gens ne pourraient plus se procurer ni beurre ni volaille au marché. Voyant ces entêtements, M. Lemonnier fut obligé d'abandonner son collège, et, peu de temps après, Combrée en profita.

TABLE

Chapitre II

Chapitre III

Chapitre IV

DEUXIÈME PARTIE

ERRATA

Page 19, ligne 10, lisez : de Belville.
— 31, — 26, lisez : on n'a pas pu y mettre.
— 44, — 27, lisez : déserte, au lieu de : péserte.
— 48, — 2, lisez : (folio 42).
— 54, — 25, lisez : Rengourdière.
-- 62, lignes 26 et 27, lisez : Saint-Gille et les Augustins.
— 125, — 16, lisez : Vallée Piquemouche.
— 125, — 24, lisez : délogeaient.
— 132, — 23, lisez : des Égyptiens.
— 146, — 20, lisez : d'hôtel de Loiré.
— 148, — 21, lisez : Leju de Beauchêne.
— 151, — 10, lisez : Chanveau.
— 153, — 27, lisez : d'avec Charles IX.
— 160, — 15, lisez : M. Huard a fait le fameux cadran.
— 164, — 22, lisez : la Roberdière.
— 166, — 3, lisez : (demi-hectare) qu'il y a de mois.

Page 180, ligne 14, lisez : qui frappe toujours d'un pied égal.
— 185, — 16, lisez : nommé Jarnigon.
— 195, — 18, lisez : le sieur Plot.
— 205, — 14, lisez : l'hôpital Saint-Joseph.
— 219, — 13, lisez : tampanes.
— 225, — 11, lisez : M. Baugé et non : de Baugé.

Nantes. — Imp. Vincent Forest et Émile Grimaud, place du Commerce, 4.

www.ingramcontent.com/pod-product-compliance
Ingram Content Group UK Ltd.
Pitfield, Milton Keynes, MK11 3LW, UK
UKHW012018240726
13965UKWH00002B/439

9 782013 493840